SAITO Naoki 斎藤直樹

米朝開戦

金正恩・破局への道

論創社

まえがき

金正恩《キム・ジョンウン》朝鮮労働党委員長が各種の弾道ミサイル発射実験や核実験に立ち会い、子供のようにはしゃぐ様を映し出す報道に触れるとき、空恐ろしいものを感じざるをえない。単に芝居を精一杯、演じているだけなのか、それとも敵対するとみなす国に対し核ミサイルを本気で撃ち込もうとしているのか。しかも金正恩がはしゃいでいる周りでその幹部や技術者と思わる人達が一様に微笑んでいる様を映す映像は決定的な出来事が遠くない将来に起きかねないことを予兆させるものである。

何故、外部世界から厳しく非難されても、金正恩指導部は核兵器開発と弾道ミサイル開発に向けて狂奔を続けるのであろうか。

金正恩の視座に立つとき、明白である。核弾頭を搭載したＩＣＢＭ（大陸間弾道ミサイル）を完成させた時に初めて米国に対し有無を言わさぬ決定的な能力、すなわち対米核攻撃能力を獲得できるという展望が開けるからであろう。

米国の大都市を灰塵《かいじん》に帰すと恫喝することができれば、米国と言えども震え上がりその要求を飲まざるを得なくなるであろうと、金正恩は希望的観測をめぐらしているのであろう。

もしも対米ＩＣＢＭが完成すれば、直ちに金正恩指導部は世界に向けて対米ＩＣＢＭの完成を宣言するであろう。その上で、金正恩は対等な立場でトランプ（Donald J.Trump）大統領との米朝核交渉に臨もうとするであろう。

金正恩の目論見からすれば、その核交渉とは核を放棄するための交渉ではなく核保有の容認、経済制裁の解除、米朝平和協定の締結、在韓米軍の撤退などを決める間逆の交渉であろう。

極めて身勝手な考え方であるが、トランプから核保有の容認を頂き、一九五三年七月の朝鮮戦争休戦協定に取って代わる米朝平和協定を結び、在韓米軍を撤収させることで、米国と激烈な戦闘を繰り広げた祖父・金日成《キム・イルソン》の宿願を金正恩は達成したいと考えているのではないであろうか。

この間、米国内では北朝鮮の核保有を限定的に容認しても構わないという意見が出始めている。こうした容認ムードは金正恩にとって願ったり叶ったりであろう。

これに対し、トランプ政権は核保有を断固容認しない姿勢を堅持している。実際に米国がもし北朝鮮の核保有を容認すれば、回避すべき一連の事態が起きかねない。米朝平和協定を結び在韓米軍の撤収を認めれば、韓国は事実上、丸腰になってしまいかねない。

そうした状況の下で、韓国政府は核保有を決断せざるをえなくなる公算が高い。また韓国が核保有を決断すれば、わが国も重大な岐路に立たされる可能性がある。北東アジア全域に核拡散のドミノが一気に広がる事態ともなりかねない。

また一度米国が北朝鮮の核保有を容認することがあれば、北朝鮮に対する経済制裁の根拠も失われよう。北朝鮮の核・ミサイル計画に歯止めを掛けるために実施されている経済制裁は、核の保有を容認すれば、その成り行きとして根拠も失われよう。

金正恩は経済制裁に耐えながら一日も早い対米ＩＣＢＭの完成に邁進しているのである。金正恩が期限を切って対米核攻撃能力の確保に猛進していることは間違いない。

この間、トランプと金正恩の恫喝の応酬は激しさを加え、さながら言葉の戦争が繰り広げられる様相を呈し出した。そこに持ってきて二〇一七年九月にトランプが金正恩を「ロケット男」と名指しし、必要に迫られれば、北朝鮮の完全破壊も辞さないと国連総会で演説すると、金正恩は史上最高の超強硬対応措置で対抗するとし、これを受ける形で李容浩《リ・ヨンホ》北朝鮮外相が太平洋上で水爆実験を断行する可能性を示唆するに及んだ。

同発言は様々な解釈を生んだが、そう遠くないうちに核弾頭搭載のＩＣＢＭを太平洋方向に発射し、太平洋上で核爆発実験を断行するのではないかと理解された。

そうした無謀極まる実験が実行に移されることがあれば、絶対、越えてはならないレッドラインを金正恩がついに跨いだと、トランプは判断するであろう。

これ以上の対米ＩＣＢＭの完成に向けた軍事挑発はトランプ政権にとって看過できることではない。しびれを切らしたトランプが北朝鮮の発射準備態勢にあるＩＣＢＭを空爆によって破壊することを決断するのではないかとの観測が流れている。

しかしもしトランプ政権が限定的であれ空爆に踏み切ることがあれば、朝鮮半島中央部で大規模の軍事衝突に発展することが危惧される。米国による空爆に対し金正恩指導部が何ら報復行動をとらないということは考え難いからである。

金正恩が真っ先に報復として考えるのは韓国に通常戦力で軍事侵攻することであろう。南北を分ける軍事境界線の北側に長距離砲、多連装ロケット砲、自走砲など八千門もの火砲を北朝鮮は配置している。首都・ソウルは軍事境界線から直線で四十キロ・メートル程度しか離れていないことから、長距離砲や多連装ロケット砲の射程距離に入る。

北朝鮮の国軍たる朝鮮人民軍はこれらを使い一斉砲撃に打って出ると想定される。ソウルを「火の海」にするというレトリックが繰り返し使われてきたのはこのことを示す。その上で、二千両もの大規模の戦車隊が韓国領内に雪崩れ込むであろうとみられる。

これに対し米韓連合軍が猛反攻に転ずるであろうことから、大規模の軍事衝突が朝鮮半島中央部で起きる可能性が高い。緒戦では朝鮮人民軍が優位に立つであろうが、時間の経過と共に猛反攻に転じた米韓連合軍が優位に立つと想定される。

その後、米韓連合軍は軍事境界線を突破し北朝鮮領内に進撃し首都・平壌を陥落させた後、北朝鮮全土の制圧に向けて中国との国境近くに迫ることが想定される。そうなると、習近平《シー・チンピン》指導部が自らの権益確保のために中国人民解放軍を介入させることは必至なことから、北朝鮮領域で米軍と中国軍が鉢合わせる、つまり軍事衝突が起きかねないことが危惧されるのである。

またもしも核弾頭を搭載する弾道ミサイルが実用段階であれば、自暴自棄となった金正恩指導部が米国の空爆に対する報復として韓国やわが国に対し核ミサイル攻撃を断行しかねないことが危惧される。

特に警戒を要するのが射程約千三百キロ・メートルで日本領土ほぼ全域を射程に収めるノドン・ミサイルである。ノドンは二百基ほど配備され、その内五十基程度がトラックなどの移動式発射台に搭載された移動式発射様式と言われている。核ミサイル攻撃でなくとも何らかのミサイル攻撃を行う可能性もある。

これに対し金正恩指導部がわが国に対しミサイル攻撃を加えることがあれば、ミサイル防衛で対処せざるをえない。しかし実際に飛来しかねないミサイルを本当に迎撃できるのか。

前記の通り、発射準備態勢にあるＩＣＢＭを含め北朝鮮の核・ミサイル関連施設への空爆を端緒として悪夢の展開が実際に生じかねないことを斟酌すると、空爆の断行をなかなかトランプが決断できない可能性がある。

この結果、しばらく金正恩の目論見どおりに事態は進捗する可能性がある。遅かれ早かれ金正恩は対米ＩＣＢＭの完成を宣言し、米朝核交渉に乗り出すと言明するであろう。対応を迫られるトランプが交渉に応じることを決断することも考えられる。

しかし核保有国としての地位を容認せよとの金正恩の要求と、核を放棄せよとのトランプの主張では落としどころが一向に見えない結果、交渉は決裂に至る可能性が高い。そうなれば、金正恩はまたしても軍事挑発に戻るであろう。

これに対し、トランプは経済制裁による圧力を一段と加えると共に朝鮮半島有事に向けて周到な備えを行うであろう。その結果、一触即発の軍事衝突の危機が一段と臨界点に近づくのである。
拙著『北朝鮮「終りの始まり」2001-2015』（論創社・二〇一六年）を締め括るに当たり次のように記した。
「このドラマの終りが始まったことは確かであろうが、今終りに向かう道中の何処にあり、この先、ドラマが何時まで続くのか、どの様にドラマが終わろうとしているのか、さらにドラマの終りが一体何をもたらすのか、問題なのである。」（四八九頁）
今、ドラマの終りに向けて北朝鮮核・ミサイル危機はいよいよ佳境に入った感を覚えざるをえない。

二〇一七年十一月

米朝開戦——金正恩・破局への道　目次

第1章　破局へ突き進む金正恩の一人独裁体制

第2章　破局へ向かう展望

第1章　破局へ突き進む金正恩の一人独裁体制

第一節　一人独裁体制を目指す金正恩（二〇一二年〜一五年）

金正恩が父・金正日《キム・ジョンイル》から権力を継承して六年以上の月日が経過した。この間、金正恩は前に立ちはだかると感じたものに対する徹底的な粛清といった恐怖政治を通じ一人独裁体制の樹立を目論んだ。叔父に当たる張成沢《チャン・ソンテク》を含め、粛清された幹部の数は百人以上にも及ぶとされる。

二〇一六年五月上旬には三六年ぶりの党大会となった第七回朝鮮労働党大会において金正恩は意のままに大会を運営し党委員長という職位を新設し自ら就任した。(1) 続いて、六月下旬開催の最高人民会議では既存の最高執行機関であった国防委員会を解体しそれに代わり国務委員会を立ち上げ、国務委員長に就任した。(2) 朝鮮労働党委員長、国務委員会委員長に就任し一人独裁体制を確立した今、金正恩に口を挟むことができる人物はもはやいない。金正恩は自身の思うままに国策を実行に移すことができる。

その間の二〇一三年三月開催の朝鮮労働党中央委員会全員会議において、金正恩は経済建設と核武力建設を並進させるという「経済建設と核武力建設の並進路線」を朝鮮労働党の路線として正式に打ち出した。[3] とは言え、危機的状態でないにしても経済は相変わらず低迷状態を脱していない。このことはほとんど総ての経済関連指標が低迷していることに表れている。経済成長率は金正恩が金正日の後を継いだ二〇一二年以降、プラス一％程度で推移し、以前には拡大の一途を標した対外貿易は近年、下降線を辿り、外資導入は行き詰ったままである。[4]

他方、核武力建設路線には一層拍車が掛かっている。この間、核兵器開発と弾道ミサイル開発に金正恩指導部がそれこそ狂奔しているというのが現実である。もしも今後とも核兵器開発と弾道ミサイル開発にこれといった縛りが掛からないようでは、近隣の韓国や日本に対してだけなく米国本土にさえも深刻な脅威を北朝鮮が突きつける日が近づいていることを示している。

金正恩が狙いを定めているのは弾道ミサイルの射程距離の拡張を図る「長射程化」、弾道ミサイルの上部に搭載できる大きさに核弾頭を小型化する「弾頭小型化」、核弾頭が大気圏に再突入する際に生じる摂氏七千度もの高温と激しい振動から弾頭を保護する「再突入技術」としばしば呼称される技術革新である。これらの技術革新に成功すれば、実際に対米核攻撃能力を獲得すると考えられている。その時、脅威は現実のものとなりかねない。核攻撃能力を背景として韓国や日本だけでなく米国に対して多大な譲歩要求を金正恩指導部は突き付け核による恫喝を露骨に繰り返したり、必要とあらば実際に核攻撃を断行する可能性も排除できない。そうした事態が起きることを阻止するためにはどのようにすべきか、問題なのである。

以前、危機の平和的解決方法として六ヵ国協議（the Six Party Talks）がブッシュ（George W. Bush）政権時代に五年以上にわたり断続的に開催された[5]。その後も、同協議の再開に向けた努力がみられるが、再開には至っていない。同協議は実際に頓挫した感が否めない。その後、オバマ（Barack H. Obama II）政権は対話と圧力を骨子とする「戦略的忍耐（strategic patience）」という呼称の政策に打って出た。国連安保理事会において北朝鮮に対する経済制裁を盛り込んだ決議を採択し、経済制裁の履行を通じ核兵器開発と弾道ミサイル開発へ縛りを掛けようとしたが、これといった縛りは掛からなかった。加えて、オバマが北朝鮮への関与に関心を失った。クリントン（William J. Clinton）政権時代には米朝高官協議を通じ米朝枠組み合意（Agreed Framework between the United States of America and the Democratic People's Republic of Korea）が成立し、ブッシュ政権時代には六ヵ国協議が開催され幾つかの合意が成立し、オバマ政権時代にも米朝食糧・凍結合意などが成立したが[6]、その度、関与がないがしろにされたという苦い経験がある。

(1) 習近平指導部の姿勢

それ以上に、米国は金正恩とその政策に影響を及ぼすこれといった影響力、すなわち、金正恩を動かしえる梃子《てこ》を持ちえないのが現実である。金正恩を動かす上で実質的な梃子を持ちえるのは中国である。このことは二〇一三年に中朝貿易額が北朝鮮の全貿易額の七三％に及んだこと、(7) さらに北朝鮮が消費する石油のほとんど総てを中国からの輸入に依存していることをみれば明らかである。(8) 金正恩が無軌道に軍事挑発を繰り返していることは習近平にとっても黙認できることではない。金正恩による軍事挑発、特に核実験には習近平も苛ついている。

こうした現実を踏まえた際、もしも習近平指導部が北朝鮮への全面的な石油供給制限を決断することがあれば、北朝鮮の備蓄燃料は遅かれ早かれ枯渇し、これに伴い北朝鮮経済は麻痺しかねないことが考えられる。朝鮮人民軍の活動も一般の国民生活も甚大な打撃を受けかねず、これにより金正恩体制が動揺を来たすことが想定される。もしも同体制の基盤が揺らぎ出せば、危惧されるありとあらゆることが現実に向かいかねない。北朝鮮国民の生活が絶望的状態に陥ることになれば、膨大な数に上る北朝鮮国民が大挙して中国との国境に殺到する可能性がある。習近平指導部とすれば、北朝鮮との国境を統制する必要を感じるであろう。

また体制崩壊の危機に直面し自暴自棄となった金正恩指導部は韓国への軍事侵攻を断行するかもしれない。しかし後述の通り、朝鮮人民軍による軍事侵攻は米韓連合軍による猛反攻を受けることは確実である。その結果、朝鮮半島中央部で大規模の軍事衝突に発展する可能性が高い。もしも米韓連合軍が南北を分ける軍事境界線を突破し、北進することがあろうものならば、習近平指導部も中国人民解放軍の軍事介入を真剣に検討せざるをえなくなりかねない。

はたまた国家存亡の危機をいとわない金正恩につくづく愛想を尽かした軍の一部が反旗を翻し、軍事クーデターを企てるかもしれない。あるいは数十年に及び抑圧されてきた北朝鮮国民が一斉蜂起に打って出る可能性もないわけではないであろう。習近平指導部にとってそうした道筋はまさしく「パンドラの箱」を自ら開けるようなものである。全面的な貿易の遮断や石油供給制限は北朝鮮の体制崩壊をもたらしかねないとの危惧を習近平指導部は真剣に抱いている。したがって、習近平にとって北朝鮮との貿易を全面的に遮断したり、石油の供給を停止するような行動は躊躇せざるをえないのである。

第二節　金正恩の賭け――対米核攻撃能力の獲得（二〇一六年）

（1）二〇一六年初めからの大規模軍事挑発

しかし二〇一六年一月以降、状況は大きく動いている。金正恩指導部が一月六日に水素爆弾実験と称して第四回核実験に打って出たことは外部世界に甚大な衝撃を与えた。同実験を伝える『朝鮮中央通信』報道によると、「歴史に記録されるべき水爆実験が完全な形で成功したことにより、朝鮮民主主義人民共和国は水爆まで保有する核保有国の戦列に堂々と加わることになり、朝鮮人民は最強の核抑止力を備えた威厳高い民族の精神を論証するに至った。(9)」

核実験による地震規模はマグニチュード五・一程度であったと米地質調査所（ＵＳＧＳ）は計測した。(10)『朝鮮中央通信』が水素爆弾の実験に成功したと自賛したとは言え、実際に水爆実験であったかどうか、仮に水爆実験が行われたとしても成功であったか、あるいは失敗したかについて間もなく疑義が表明された。(11)と言うのは、核実験の爆発威力がＴＮＴ

換算で約六から九キロ・トン程度と比較的小規模であったことによる。かりに水爆実験であったならば爆発威力は十倍以上に及んだであろうと推測されたことから、水爆実験が実際に行われたかどうかは疑問であった。それでは、何の実験が行われたのか。こうした中で浮上したのが「ブースト型（強化型）原爆」の実験が行われたのではないかとの見方であった。[12]

他方、これにより六ヵ国協議の関係五ヵ国である中国、韓国、日本、米国、ロシアは難題を突き付けられる格好になった。当初、そうした暴挙に対し関係五ヵ国とも一様に激しい憤りを表明した。しかし、その後の対応となれば、国により随分落差があった。韓国、日本、米国の三ヵ国は厳格な経済制裁措置を盛り込んだ安保理事会決議の採択を求めた。他方、中国とロシアは相変わらずそうした厳しい決議の採択には消極的であった。ところがその間隙を縫う形で、二月七日に人工衛星発射実験を偽装した長距離弾道ミサイル発射実験を金正恩指導部が強行するに及んだ。[13]一月六日に北朝鮮が「水爆実験」と称して第四回核実験を実施した後に安保理事会が核実験に対する経済制裁を審議している最中のことであった。このため中国とロシアも従前の対応を再検討せざるをえなくなった。

（2） 経済制裁の実効性

こうして採択されたのが安保理事会決議二二七〇であった。[14] 決議二二七〇は二〇〇六年以降に安保理事会で採択された北朝鮮に対する経済制裁を盛り込んだ五件の決議とは一線を画した決議となった。[15] それまでの決議と言えば、金融取引や兵器取引の制限に力点を置いたものであり、その履行は加盟国の自発的意思に任されていた。少なくとも、履行は義務化されたものではなかった。その意味で多くの抜け穴や抜け道があったと言えよう。これに対し、決議二二七〇は従前の決議内容をはるかに超えるものとなった。

決議二二七〇は北朝鮮の総ての貨物を港や空港などあらゆる場所において検査すること、北朝鮮の主要な輸出品目である石炭や鉄鉱石の輸入を禁止すること、北朝鮮への航空機燃料の輸出を禁止することなど厳しい内容を盛り込んだ。しかも決議の履行は各加盟国の自発的意思ではなく義務化されることになった。その意味で、これまでの抜け穴や抜け道は多かれ少なかれ塞がれることになったと言えよう。

それでは、決議二二七〇が顕著な制裁効果を挙げたであろうか。同決議の採択から数ヵ月が経ったにもかかわらず、実質的な影響が北朝鮮経済に表れなかった。圧倒的比率を占める中朝貿易の規模を踏まえると、制裁が効果を挙げるかどうかは中国による決議履行によるところが大であった。ところがこれが相変わらず不透明であり曖昧であった。[16]

（3）危機の外交的解決

狂奔する感のある核兵器開発と弾道ミサイル開発に対し外交的な解決はすでに時機を逸しているのか。ブッシュ政権時代に行われた六ヵ国協議はすでに頓挫した感があると記した。六ヵ国協議は北朝鮮の非核化、つまり北朝鮮が総ての核兵器開発計画を放棄すれば、米国は相応の支援を行うといった取引であった。しかしもはや金正恩指導部がその前提条件である非核化に応じる可能性は皆無である。

六回も核実験を実施し、プルトニウム原爆、高濃縮ウラン原爆を含め、保有原爆数が数十発を数えると推定される状況の下で、何を今さら非核化に応じなければならないのかというのが金正恩の率直な思いであろう。

金正恩にすれば、米国を初めとする外部世界こそ北朝鮮が核保有を行ったという現実を受け入れなければならないことになる。事あるごとに「責任ある核保有国[17]」と金正恩指導部が公言しているところをみると、米国を初め既存の核保有国に対し北朝鮮の核保有の容認を金正恩が迫っていることは明白である。これに対し、六ヵ国協議の五ヵ国にとって北朝鮮の核保有を受け入れる余地はない。米国、韓国、日本だけでなく中国やロシアにとってもそうである。

こうしてみれば、北朝鮮の非核化を謳った六ヵ国協議の前提条件がもはや妥当していないことは明らかである。こうした状況の下で中国が同協議の議長国として金正恩に対し同協議に戻るよう働きかけたとしても現実的ではない。

この間、関係諸国に核保有の現実を認めさせようと、核兵器開発と弾道ミサイル開発に向け金正恩はますます狂奔している。近い将来、圧倒的な核保有の現実を見せつけ、米国を初めとする関係諸国に核保有国としての地位を容認させ、膨大な支援を金正恩は勝ち取ろうとしているのであろう。

スカッド・ミサイル、ノドン・ミサイル、ムスダン・ミサイル、潜水艦発射弾道ミサイル（SLBM）、「北極星2」型、「火星12」型など各種の弾道ミサイルの発射実験を金正恩指導部は頻繁に繰り返しているが、対米ICBMの開発に成功すれば、展望は大きく開けると金正恩は高を括っている節がある。しかもテポドン2号改良型のような固定式発射台ではなく、事前に破壊することが極めて困難とされる移動式発射台に搭載されるICBMが完成すれば、話は違ってくるかも知れない。そうした時、金正恩は初めてトランプとの本当の取引能力を身に着けるかもしれない。

したがって、遮二無二、核兵器開発と弾道ミサイル開発に邁進する以外に方途はないと金正恩の目に映るのであろう。二〇一三年以降、朝鮮労働党の基本路線として核武力建設と共に経済建設の「並進路線」を謳っているものの[18]、経済建設はあくまで国民向けのアピールに過ぎず、金正恩にとって実際のところどうでもよい問題なのかもしれない。

他方、今後も外交的な解決に向けて落としどころを見出そうとすれば、暫定的な妥結方法がないわけではない。例えば、北朝鮮が核兵器開発と弾道ミサイル開発を一定期間凍結する一方、その見返りとして米国は一定の食糧を供給する。この種の取引が二〇一二年二月にオバマ政権と金正恩指導部の間で結ばれた米朝食糧・凍結合意であった[19]。

ところがその二ヵ月後に金正恩指導部が人工衛星打上げの名を借り長距離弾道ミサイル発射実験に打って出たため、オバマ政権が合意の無効を宣言したという経緯がある[20]。その後、金正恩指導部の核兵器開発と弾道ミサイル開発は一段と加速している。そうした中で、凍結の見返りに食糧を提供するといった暫定的な取決めは果たして意味を持つであろうか。

(4) ミサイル防衛と「敵基地攻撃」

金正恩指導部による核武力建設への狂奔に対しこれといった対応策はあるのか。わが国はすでに飛来する北朝鮮の弾道ミサイルを迎撃することを狙ったミサイル防衛システムを導入している。わが国のミサイル防衛システムは北朝鮮のミサイルを二段階で迎撃するという多層防衛システムである。すなわち、北朝鮮のミサイルの飛翔経路のミッドコース(中間)段階において日本海に展開するイージス艦から発射されるSM－3(イージス艦搭載スタンダード3迎撃ミサイル)が最初の迎撃を行い、その迎撃を擦り抜けたミサイルを飛翔経路のターミナル(終末)段階において地上に配備されたPAC－3(ペイトリオット改善3型迎撃ミサイル)が迎撃する内容である。[21]

また韓国は二〇一六年七月にTHAAD(終末高高度防衛)ミサイル・システムの導入を決めた。[22] THAADシステムの導入は北朝鮮だけでなく中国やロシアから強い反発を招いている。とは言え、日本のミサイル防衛システムであれ韓国のシステムであれ、飛来しかねないミサイルを確実に迎撃することができるであろうか。迎撃実験において高い迎撃率を誇るミサイル防衛システムであるとしても、実戦において弾道ミサイルを確実に撃ち落とすことができないようでは、標的とされた都市は大打撃を受けかねないことが憂慮される。ところが、迎撃能力についてはほとんど議論されておらず、実際のところ不明であると言えよう。

既存のミサイル防衛システムが必ずしも十分ではないことからミサイル防衛システムを補う意味で、弾道ミサイルの発射に向けた準備の兆候が確認された段階でその発射基地を事前に叩く、いわゆる「敵基地攻撃」の是非が数十年前からわが国の国会で議論されてきた。[23] とは言え、北朝鮮が核弾頭搭載弾道ミサイルの発射準備を行っている最中に機先を制する形で同ミサイルを含め核・ミサイル関連施設を確実に叩くことができるのか。もしわが国による「敵基地攻撃」に向けた準備を金正恩が察知すれば、先に先制攻撃を加えるよう動機づけかねない。こうしたことから様々な課題を含む難しい議論であろうが、米韓連合軍は有事を想定しすでにこれに類似した作戦計画を準備しているのである。

(5) 米韓合同軍事演習：「作戦計画五〇一五」と先制攻撃戦略

金正恩指導部は軍事挑発の手を緩めていない一方、矛先を向けられる側も事態の推移を座視しているわけではない。二〇一六年初めから一層激化している金正恩の軍事挑発に対し米韓連合軍は新たな作戦計画に基づき対抗しようとしている。

米韓連合軍は対抗措置として二〇一六年三月と四月に「キー・リゾルブ演習（Key Resolve Drill：KR）」と「トクスリ訓練（フォール・イーグル訓練）（Foal Eagle Exercise：FE）」という呼称の下で史上最大規模の米韓合同軍事演習を実施した。[24]同軍事演習は二〇一五年に策定された「作戦計画五〇一五（"OPLAN5015"）」に立脚したものであり、[25]従来の「作戦計画五〇二七（"OPLAN5027"）」とは一線を画す内容である。[26]

「作戦計画五〇一五」は北朝鮮の弾道ミサイル基地などに対する先制攻撃に力点を置いている。「作戦計画五〇一五」が採択された背景には、「作戦計画五〇二七」では朝鮮人民軍による奇襲攻撃を受けた際、韓国側が被りかねない被害が大きすぎるため、被害を最小限にすべく新たな作戦計画が必要であるとの認識があった。「作戦計画五〇二七」によれば、南北を分ける軍事境界線の北側に張り付いた戦車を中核とする朝鮮人民軍の大機甲部隊が一気に韓国領内に雪崩れ込むことがあれば、これに対し米韓連合軍は即座に大規模反攻に転じそれに伴い軍事境界線を突破した後、猛然と北進を続け首都・平壌を攻略しその勢いで北朝鮮を制圧する内容であった。

とは言え、軍事境界線を挟んだ南北間の軍事的対峙の現実を踏まえると、「作戦計画五〇二七」は少なからず不十分な内容であった。と言うのは、五千万人を超える韓国の全人口の内、千百万以上の人口を抱え、軍事境界線から直線距離でわずか四十キロ・メートル程度しか離れていない首都・ソウルが置かれた地政学的な脆弱性を踏まえると、一度砲火を交えると、ソウルが大被害を免れないのが現実である。特にソウルに深刻な脅威を与えかねないのは機甲部隊だけでなくソウル全域を射程に捉えた数多くの長距離砲、多連装ロケット砲、自走砲など火砲である。

金正恩は大統領府のあるソウルの青瓦台《チョンワデ》と反動統治機構を「火の海」にするぞと、事あるごとに声を荒げている。(27) こうした現実を踏まえ、「作戦計画五〇一五」の力点は、弾道ミサイル発射基地や核関連施設だけでなく軍事境界線に近接した地下坑道などに配置された長距離砲や多連装ロケット砲など、朝鮮人民軍による先制攻撃の発動拠点となるであろうと目されるありとあらゆる重要な軍事関連施設・設備を先制的に叩くということに力点を変更している。

(6) 金正恩の先制攻撃戦略

これに対し、米韓合同軍事演習が掲げた「斬首作戦」に激怒した金正恩は、「作戦計画五〇一五」に従い米韓連合軍が先制攻撃に打って出る前に先に先制攻撃を仕掛けると言明した。一次打撃対象は大統領府があるソウルの青瓦台や反動統治機構であり、二次打撃対象はアジア・太平洋地域の米軍基地及び米本土であるとした上で[28]、躊躇なく先制核攻撃に打って出ると金正恩は言明したのである[29]。

その中でも注意を喚起するのは金正恩が一次打撃対象として名指しした青瓦台への先制攻撃である。青瓦台は朝鮮人民軍が軍事境界線付近の地下坑道に配置している種々の長距離砲や多連装ロケット砲の射程に捉えられている。実際に二〇一六年三月と四月の米韓軍事演習に合わせる形で、朝鮮人民軍は金正恩の視察の下で幾度にもわたり新型の多連装ロケット砲を含む様々な火砲の試射を行ってきた[30]。実際にそうした火砲の打撃能力はあくまで推測の域を出ていないが、人民軍が全面的な砲撃に打って出るようなことがあれば、青瓦台を含めソウルが「火の海」になるというのは必ずしも誇張された話でないかもしれない。

米領グアム島の米軍基地などアジア・太平洋地域の米軍の出撃拠点である二次打撃対象を叩くためには、移動式発射様式の弾道ミサイルの開発が鍵を握ると想定される[31]。固定式発射様式の弾道ミサイルではその位置が米国側に事前に把握されているため、米軍による空爆によって破壊されかねない。これまで人工衛星発射実験の名を借りテポドン2号改良型の発射実験を繰り返し強行したことで痛烈に非難されてきたが、そうした固定式発射様式の同ミサイルは米軍による空爆によって容易に叩かれる危険性があると、金正恩は認識している。

これに対し、移動式発射台に搭載される弾道ミサイルを偵察衛星が確実に探知し破壊することは容易ではない。

(7) 大規模軍事衝突の危険性

上述の二〇一六年三月七日から四月三〇日まで実施された米韓合同軍事演習が「斬首作戦」を掲げ先制攻撃の可能性を示唆したのに対し、金正恩は米韓連合軍による先制攻撃を浴びる前に躊躇することなく先に先制攻撃に打って出ると断言した。(32) このことは双方が相手側による先制攻撃を被る前に相手側に先制攻撃を加えることを公言しているようなもので、その意味するものには誠に戦慄させるものがある。

こうした状況の下では危機が高まった際、相手側の些細な動きであっても先制攻撃に向けた兆候ではないかとの疑念を生みかねない。したがって、相手側が先制攻撃に打って出る前に機先を制する形で先制攻撃に打って出るよう双方が動機づけられるであろう。

朝鮮人民軍と米韓連合軍の双方が相手側に対する先制攻撃に活路を見出そうとしていることは、この上なく危険な状況と言えよう。双方が先制攻撃を想定した演習を繰り返している結果として、先制攻撃に重きを置いた軍事作戦に向けた準備態勢が整いつつある。こうした状況が続くようでは、軍事衝突に至る可能性は日々高まりかねないと言わざるをえない。

しかも二〇一六年八月二二日から九月二日まで夏季の「乙支《ウルチ》フリーダムガーディアン演習（Ulchi-Freedom Guardian：UFG）」という呼称の米韓合同軍事演習が行われたが、[33]これに激しい苛立ちを金正恩は隠せなかった。[34]米韓連合軍からみれば、金正恩指導部による軍事挑発に即応した現実的な対応策であったが、必ずしもそうとは言えない状況に推移している。米韓連合軍には金正恩指導部の軍事挑発がやたら目に付くとは言え、金正恩の目には米韓合同軍事演習こそ看過できないと映っている。米韓連合軍と朝鮮人民軍がお互いに挑発し合っているのが実際のところである。

金正恩指導部が軍事挑発に打って出るたびごとに日本政府が北朝鮮の脅威について警戒を喚起するものの、わが国の国民の多くにとってはどこ吹く風といった感がある。しかし、二〇一六年八月三日に金正恩指導部が秋田県沖合の排他的経済水域[35]（ＥＥＺ）、九月五日には北海道の奥尻島西方沖の排他的経済水域にノドン・ミサイルを撃ち込むといった事態はこれまでと違い風雲急を告げる事態が近づきつつあることを不気味に示唆した[36]。大破局と隣り合わせであるかのような方向へと事態は進みつつある。しかも危惧すべきは金正恩指導部による核兵器開発や弾道ミサイル開発に歯止めが全くかかっていないという現実である。この間も、金正恩は恫喝ともとれる脅しを繰り返している。

これに対し、米韓両国はそうした脅しに屈するような素振りを全く見せることなく、「作戦計画五〇一五」に従い有事に備えて着々と演習を繰り返しているのである。

(8) 変容する朝鮮半島情勢

二〇一六年の初めから朝鮮半島を取り巻く情勢は変容を続けている。金正恩指導部による軍事挑発が過激さを増す中で、弾道ミサイルの矛先が直接向けられる韓国の朴槿恵《パク・クネ》政権は決断を迫られた。韓国は飛来する弾道ミサイルの脅威への対応策として最新鋭のミサイル防衛システムのＴＨＡＡＤシステムの配備を決定した[37]。ＴＨＡＡＤシステムの配備に対し怒りを金正恩は爆発させ、その配備基地への攻撃を示唆した。またＴＨＡＡＤシステムを構成するレーダーであるＸバンド・レーダーが中国やロシアの弾道ミサイルの情報を確保できることから、中露両国もTHAADシステム配備に対し警戒心を露にした[38]。

こうした朝鮮半島情勢と連動して起きたのが南シナ海の南沙諸島問題であった。中国が南シナ海の全域の領有を謳う九段線の主張に対しフィリピンが無効を求めて国際仲裁裁判所に提訴したが、その仲裁裁判所が九段線の主張には国際法上、根拠がないとする厳しい内容の裁定を下した[39]。予想されたことであるとは言え、習近平指導部がこれを受け入れる用意がないことは明らかであった[40]。南シナ海の南沙諸島で間断なく進む大規模な人工島の建設に対し米国や日本も反発を強めた。米国や日本との共同歩調を韓国もとろうとした。これに対し、南沙諸島を巡る中国の動きへ反対する日・米・韓の連携に中国は神経を尖らせた。この結果、二〇一五年末まで堅調に推移してきた中韓接近の動きははからずも崩れ去った感がある。

この間、金正恩が二〇一六年五月開催の第七回朝鮮労働党大会で朝鮮労働党委員長に就任すると習近平は祝電を送ったのに続き[41]、六月の最高人民会議で国務委員長に金正恩が就任すると習近平は改めて祝電を送り[42]、また六月に金正恩が派遣した李洙墉《リ・スヨン》特使との会談に応じた[43]。こうした動きは中朝接近の兆しともとれた。この間、安保理事会決議二二七〇を中国が真摯に履行したかどうかは曖昧かつ不透明であった。

中国は決議二二七〇の履行を徐々に緩和したことに伴い、中朝貿易は八月に再び急増に転じたとされる。(44) 決議二二七〇には北朝鮮の石炭や鉄鉱石の輸出禁止に関して、民生用であれば制裁対象から除外されるとの例外条項が含まれた。そうした例外条項を盾に中国は北朝鮮から石炭や鉄鉱石の輸入を続けたと目される。中国が決議二二七〇の履行を緩めたことで同決議の実効性は乏しいものとならざるをえなかった。

厳格な決議の履行は北朝鮮の経済だけでなく北朝鮮と国境を接する遼寧省や吉林省など中国の東北地方の経済に少なからずの打撃を与えかねないという側面もあった。そうした状況の下で、金正恩を宥め、賺し、諫める姿勢が得策であると習近平は考えていたのであろう。

(9) 第五回核実験と安保理事会決議二三二一

二〇一六年夏季に米韓合同軍事演習が実施された。これが八月二二日から九月二日まで行われた「乙支《ウルチ》フリーダムガーディアン演習(Ulchi-Freedom Guardian：UFG)」であった。(45) 二〇一六年の「フリーダムガーディアン演習」においても「作戦計画五〇一五」が適用された。同演習では米韓連合軍と朝鮮人民軍の戦闘の進捗についてコンピューター・シミュレーションを行い、それに基づき米韓連合軍が実際の戦闘を想定した軍事訓練を行った。春季実施の「キー・リゾルブ演習」では軍事境界線と近接した北朝鮮領内に位置する開城《ケソン》の制圧を想定した一方、夏季の「フリーダムガーディアン演習」では金正恩が潜む平壌の指揮部の制圧が主眼となった。

シミュレーションによると、緒戦では激しい戦闘となったものの次第に米韓連合軍が優勢となり、最終的に金正恩の潜む指揮部を制圧できるとの確信を得たとされる。

同演習に対する金正恩の対抗措置が九月九日の第五回核実験であったとみることができた。同日は朝鮮民主主義人民共和国の六八回目の建国記念日であった。同日午前九時半頃、豊渓里《プンゲリ》を震源とするマグニチュード五・三の揺れが計測されたと米地質調査所（USGS）は伝えた[46]。弾道ミサイルに搭載する核弾頭の爆発実験が初めて行われたと力説すると共に、弾頭の小型化、軽量化、多種化の技術革新に成功したと朝鮮核研究所が宣言したことを『朝鮮中央通信』が伝えた[47]。

核弾頭爆発実験と銘打った第五回核実験はそれまでの軍事挑発とは明らかに一線を画すものであった。北朝鮮の核の脅威が差し迫りつつあることを如実に示す結果となった。これまで散々云々されてきた脅威が現実になる前に真剣な対応を迫られることになったのである。

同実験は関係各国から厳しい反発を招いた。安保理事会での二ヵ月以上の綱引きの後、一一月三〇日に決議二二七〇を強化する内容を盛り込んだ安保理事会決議二三二一が採択された。[48] 同決議の骨子は北朝鮮産出の石炭に対し年間約四億ドルまたは七百五十万トンの制限を科す。ただし、民生用についてはこの限りではないとされた。北朝鮮の銀、銅、ニッケル、亜鉛などの主な鉱物の輸出を禁止する。北朝鮮が所有・運航する船舶の登録を抹消する。外国で北朝鮮が有する銀行口座の数を減らすなどであったが、主たる力点は北朝鮮の主な輸出品目である石炭に一定の上限を科したことにあった。北朝鮮が被りかねない被害額は最大で年間九億ドルに達するとみられた。とは言え、問題は制裁の真摯な履行であり、決議の履行を実際に左右する習近平指導部の姿勢には相変わらず疑問符が付いていた。

第三節　金正恩とトランプ（二〇一七年）

（1）金正恩とトランプの対決

二〇一七年元旦を迎え朝鮮半島を巡る緊張は一段と高まりを見せた。金正恩が恒例の元旦の「新年の辞」において対米ＩＣＢＭの開発が最終段階に入ったと明言すると、[49]トランプ次期大統領は「そうはならない」とすぐさま反発した。[50]

数ヵ月間の沈黙を切り裂くかのように、金正恩指導部がまたしても軍事挑発に果敢に乗り出した。二月一二日朝にはフロリダ州で開催中の日米首脳会談を牽制するかのように新型弾道ミサイルの発射実験を同指導部が強行した。[51]『朝鮮中央通信』は「金正恩は地対地中長距離戦略弾道ミサイルの試射を指導」という見出しを掲げ、「北極星２」型の発射実験を伝えた。[52]同ミサイルは北朝鮮西岸の平安北道《ピョンアンブクド》亀城市《クソンシ》近郊から東方に向けて発射され、朝鮮半島上空を横断する格好で約五百キロ・メートル飛行し、日本海に落下した。

翌日の二月一三日には金正恩の兄にあたる金正男《キム・ジョンナム》が殺害されるという衝撃的な事件がマレーシアで起きた。[53]まもなく同殺害事件は金正恩指導部によって周到に計画された犯行であると非難された。これに対し、そうした非難は根も葉もない米国と韓国によるばかげた捏造にすぎないと『朝鮮中央通信』は一蹴した。[54]

中国の制裁履行には相変わらず疑問符が付いていたが、金正男殺害事件が状況を大きく変えることになった。同事件を重大視した習近平指導部は安保理事会決議二三二一に従い、二〇一七年内の北朝鮮からの石炭輸入を停止することを発表した。[55] それまでの曖昧かつ不透明な習近平指導部の姿勢を踏まえると異例の措置であった。

この間、二〇一七年三月一日から四月の末までの二ヵ月間の日程で米韓軍事合同演習が始まった。[56] 三月一日から野外機動訓練の「トクスリ訓練（フォール・イーグル訓練）」が始まったのに続き、一三日からは指揮命令系統の確認を図るシミュレーションの「キー・リゾルブ演習」がこれに続いた。二〇一七年春季の軍事演習は史上最大規模とされた前年春季の演習よりも大規模になった。これに憤激した金正恩はまたしても忽然と反発した。『朝鮮中央通信』は三月二日に「朝鮮人民軍総参謀部は侵略者に正義の無慈悲の核対抗措置を警告」という見出しを掲げ、米韓合同演習に超強硬対応を講ずると警鐘を鳴らした。[57] 三月六日朝には北朝鮮西岸の東倉里《トンチャンリ》近郊からスカッドERと目される弾道ミサイル四基が東方向に連続して発射された。同ミサイルは朝鮮半島上空を横断する形で約千キロ・メートル飛翔し、三発が秋田県沖の排他的経済水域に落下した[58]。しかも『朝鮮中央通信』は「金正恩は朝鮮人民軍戦略軍火星砲兵部隊の弾道ロケット発射訓練を監督」という見出しを掲げ、発射実験が在日米軍基地を攻撃する訓練であったと言明したのである[59]。

これ以上の状況の悪化を危惧したのは習近平指導部であった。三月七日に王毅《ワン・イー》中国外相は米朝両国を真正面から衝突しようとする二つの列車に喩え、「お互い本当に正面衝突するつもりなのか」と自重を促した[60]。王毅の狙いは外交的解決であった。金正恩がミサイル発射実験や核実験を見合わせる一方、トランプが米韓合同軍事演習を中止すべきではないかという提案を王毅が行った。しかし王毅の提案は米朝双方にとって受け入れられるところではなかった。

トランプ政権にすれば、安保理事会決議に明白に違反する発射実験と韓国防衛のための軍事演習を取引するのは筋違いの提案であった[61]。習近平指導部はさらに焦燥感を強めることになった。

そうした中で三月一七日にティラーソン（Rex Tillerson）国務長官が明示したのがトランプ政権の基本姿勢であった。ティラーソンは「戦略的忍耐の政策は終わった。あらゆる選択肢がテーブルの上にある」という表現で政権の基本姿勢を表わした[62]。オバマ政権時代の対話と圧力に力点を置く「戦略的忍耐」の時代が終ったことを示唆すると共に、核・ミサイル関連施設への空爆作戦を骨子とする軍事的対応が排除されていないことをティラーソンは暗示したのである。

(2) 「四月の危機」とその収束

金正恩が第六回核実験を強行するのではないかとみられた四月を迎えたのはこうした推移の下であった。四月には一五日の金日成主席生誕百五周年の太陽節と二五日の朝鮮人民軍創建八五周年記念日があり、このいずれかに照準を合わせ第六回核実験を強行するであろうと危惧されたのである[63]。核実験を阻止する上で鍵を握るのが習近平であるとトランプは位置づけた。こうして四月上旬に米中首脳会談が開催されることが決まった。

米中首脳会談に先立ち、四月二日にトランプは「中国が北朝鮮問題を解決しなければ、我々が解決する」と言明した[64]。すなわち、金正恩の軍事挑発を止めるためには北朝鮮経済の存立にとって鍵を握るとされる習近平指導部が実効性ある圧力を加えなければならないこと、もしも中国ができないようでは米国が自ら解決すると明言したのである。最終的に米国が解決するとしたが、その力点が軍事的対応であることは明らかであった。

四月六日、米中首脳会談に臨むトランプは安倍晋三首相との電話会談で「すべての選択肢がテーブルの上にある」とし、事と次第によっては軍事的対応を排除しないと示唆した。[65] そして始まった四月六日の米中首脳会談の席上、トランプは習近平を前にしてシリアへの空爆に踏み切ったことを告げた。[66]

同空爆は習近平だけに止まらず金正恩に対してこの上ない強い意思表示となった。続いてトランプは四月一三日にアフガニスタンの「イスラム国」実効支配地域に対し大規模爆風爆弾（ＭＯＡＢ）を投下してみせた。[67]

核実験の強行が憶測された四月一五日を直前に控え、一触即発の事態を危ぶむ王毅は一四日に米朝がお互い「刃物を握り弓を引いて、嵐の前夜の形勢になった」と喩え、「対話のみが唯一の出口」であると米朝双方に訴えた。[68] こうした中で迎えたのが一五日の金日成主席生誕百五周年の太陽節であった。同日、盛大な朝鮮人民軍の軍事パレードが挙行されたものの、金正恩は核実験を強行することを控えた。[69]

その後、金正恩指導部が習近平指導部に四月中に第六回核実験を行う予定であると通告したところ、強い危機感を覚えた習近平指導部がもしも核実験を強行することがあれば、中朝間の貿易を全面的に遮断すると、かつてない圧力を掛けた。[70] 石油供給を停止するというのは金正恩体制に最も深刻な打撃を与える措置であると考えられる。怒りを覚えた金正恩指導部は四月二一日、『朝鮮中央通信』報道を通じ中国を名指しこそしなかったものの、「わが国との関係に及ぼす破局的結果も覚悟すべきである」と痛烈に恫喝するに及んだのである。(71)

これに対し、習近平指導部は中国共産党系メディアの『環球時報』を通じ反発に転じた。「北朝鮮が六回目の核実験を行うことがあれば、……中国政府が石油禁輸を含め北朝鮮へのさらに厳しい制裁を国連が採択することを支持することは疑う余地はない」と断言した。(72)

これと並行して、同メディアはもし朝鮮半島で軍事衝突が発生することがあれば、米軍が北朝鮮の核・ミサイル関連施設へ空爆することも黙認すると示唆した一方、米韓連合軍が軍事境界線を突破して北進することがあれば、中国人民解放軍は座視することなく軍事介入すると言明したのである。(73) 北朝鮮の立場を事あるごとに斟酌してきた中国指導部の姿勢を踏まえたとき、前例のないことであった。

朝鮮人民軍創建八五周年記念日の四月二五日を迎えたのはこうした推移の下であった。同日、いよいよ核実験が強行されるのではないかと危ぶまれた。異様な雰囲気に包まれる中、金正恩は不承不承ながら核実験の強行を思い止まった。金正恩は四月二五日に朝鮮人民軍の砲撃訓練を視察したと『朝鮮中央通信』は伝えた(74)。石油禁輸を持ち出して気がはやる金正恩を習近平が制止させた。一触即発の事態は何とか回避されたものの、トランプは四月二七日に「最終的に米国は北朝鮮と大規模な、大規模な紛争になる可能性がある」と語った(75)。

金正恩指導部による核・ミサイル開発が野放しのままであれば、近い将来において米国本土を射程に捉えた核弾頭搭載ＩＣＢＭの完成に近づくことは間違いない。そうした状況を断固阻止するために北朝鮮の核・ミサイル関連施設への空爆を真剣に検討せざるをえないとトランプは捉えている。そうならないためにトランプが頼りにしているのは習近平指導部による石油供給の大幅制限を骨子とする強力な制裁であった。

トランプの真剣さを感じ取った習近平指導部は北朝鮮への石油の供給を制限するという強硬手段とも思われる制裁をちらつかせた(76)。石油供給を著しく制限されかねない可能性を踏まえ、金正恩指導部は核実験を控えざるをえなかったのである。「四月の危機」はこうして過ぎ去ったが、問題が何ら解決していないことは明らかであった。

（3）文在寅政権と金正恩の冷淡な対応

この間、五月九日に韓国で対北朝鮮融和派の文在寅《ムン・ジェイン》大統領候補が新大統領に選出された。一〇日に文在寅は第一九代韓国大統領に就任した。文在寅は就任演説で朴槿恵《パク・クネ》政権が引き起こした疑惑で著しく傷ついた政府への信頼を回復すべく韓国民に呼び掛け、その上で「韓半島の平和のために東奔西走《とうほんせいそう》する……必要ならば直ちにワシントンはもちろん、北京や東京にも行き、条件が整えば平壌にも行く」と訴えた[77]。

文在寅の訴えは北朝鮮との融和を唱え「太陽政策」を推進した金大中《キム・デジュン》、その後を継ぎ「平和・繁栄政策」を進めた盧武鉉《ノ・ムヒョン》を引き継ぐものであった。理想主義的な展望を文在寅は高らかに謳い上げたが、金正恩は文在寅に極めて冷淡であった。

そうした金正恩の姿勢は五月一四日に新型の「火星12」型中長距離弾道ミサイルの発射実験が強行されたことに表れた[78]。『朝鮮中央通信』は一五日、「金正恩が新型ロケットの試験発射を指導」という見出しを掲げ、「火星12」型の試験発射に成功したと伝えた[79]。報道によると、同ミサイルは最高高度二千百十一・五キロ・メートルまで飛翔し、七百八十七キロ・メートル先の目標水域に着弾したと伝えた。発射実験は数日前に発足した文在寅政権に対する名刺代わりの挨拶の意味もあった。

（4）ICBM発射実験の強行と「再突入技術」確立への疑義

米国に対する核攻撃能力を獲得するためには核実験やICBM発射実験が不可欠であると認識している金正恩がそうした機会を虎視眈々と狙っていたことは明白であった。「四月の危機」が一段落したところに待っていたのがICBM発射実験であった。

しばらく露骨な軍事挑発がなかった朝鮮半島の静寂は七月四日のICBM発射実験により切り裂かれた。同日、『朝鮮中央通信』は「朝鮮民主主義人民共和国国防科学院の報道」という見出しで、「火星14」型ICBMの発射実験に成功したと伝えた(80)。わざわざ米国の独立記念日に合わせるかのように七月四日に「ロフテッド軌道」と呼ばれる通り、極端に高角度で発射された「火星14」型は最高高度二千八百二キロ・メートルに達し、約四十分にわたり九百三十三キロ・メートルの距離を飛行し、わが国の排他的経済水域に着水した。通常軌道で打ち上げられれば八千キロ・メートル以上も飛行したと推測された。

続いて、七月五日に『朝鮮中央通信』は「金正恩が大陸間弾道ロケット「火星14」型の発射実験を監督」の見出しを掲げ、発射実験の目的がICBMに搭載する弾頭の小型化に加え再突入技術の完成であったと力説した(81)。

対米ICBMの完成に向けた主な技術的課題はICBMの射程距離の延伸による「長射

程化」とＩＣＢＭに搭載可能なまでに弾頭を小型化する「弾頭小型化」と共に、大気圏へのＩＣＢＭ弾頭の再突入を可能にする「再突入技術」の確立であると理解されている。

ＩＣＢＭ弾頭が大気圏へ再突入する際の速度は音速二四とも言われ、弾頭の表面温度は摂氏七千度に達するとされる高熱と激しい振動に直面する。そのため再突入の際に弾頭を高熱と振動から保護すると共に起爆させることが大きな課題であると考えられる。[82] 大気圏再突入の際の過酷な状況の下でも弾頭内部が一定の温度に保たれたことで、大気圏再突入技術は確立されたと『朝鮮中央通信』が明言した。

同報道はさらに米国の独立記念日に合わせたＩＣＢＭ発射実験が金正恩による「贈物包み」であったと皮肉った。それによると、「……「独立記念日」に贈られた「贈物包み」が気に入らないだろうが、これからも退屈しないよう大小の「贈物包み」を頻繁に贈ろうと、満面に笑みを浮かべて幹部、科学者、技術者達に金正恩は語った。[83]」とは言え、同実験で大気圏再突入に本当に成功したのかその真偽が議論を呼ぶことになった。

こうした中で金正恩指導部は二度目のＩＣＢＭ発射実験を強行した。『朝鮮中央通信』は「金正恩が「火星14」型ＩＣＢＭの二次試射を指導」という見出しで、金正恩の監督の下で七月二八日夜に「火星14」型の二次発射実験が成功裏に行われたと伝えた。[84] 同報道によると、「試射によりＩＣＢＭシステムの信頼性が再確認され、任意の地域と場所で任意の時間にＩＣＢＭの奇襲発射が可能である能力が論証され、米本土全域が共和国のミサイルの射程圏内にあることが明確に証明されたと金正恩は誇った。」

同発射実験では、同ミサイルが最大高度三千七百二十四・九キロ・メートルに達し、約四七分以上にわたり九百九十八キロ・メートルの距離を飛行し、わが国の排他的経済水域に着水したが、通常軌道で打ち上げられれば一万キロ・メートルを飛行した可能性があった。「ＩＣＢＭ試験発射準備は最終段階に入った」と金正恩が二〇一七年元旦にほのめかしたことが実際に実行に移されたわけである。(85) 金正恩の言葉は空脅しではなかった。

ＩＣＢＭ発射実験で大気圏再突入に成功を収めたと金正恩指導部が言明したとは言え、「再突入技術」の確立はまもなく疑問視された。日・米・韓の三国政府の合同調査団は大気圏再突入には成功していなかったとの見方を提示した。(86) それによれば、ミサイルの落下時に撮影された閃光の映像を解析したところ、弾頭部分と思われる光点が海上に着水する前に消えてなくなった。この解析は「再突入技術」がまだ確立されていないことを示唆するものであった。

他方、二度にわたるＩＣＢＭ発射実験の成功は金正恩がトランプに高飛車な要求を突きつけることに繋がった。八月二日、『朝鮮中央通信』は「朝鮮アジア太平洋平和委員会報道官は共和国の警告に米国は耳を傾けるよう迫る」という見出しで、トランプ政権に対し重大な二者選択を迫った(87)。すなわち、北朝鮮の核保有を容認することにより米国の安全を保証してもらうことを真剣に検討せよと、トランプを激しく揺さ振ったのである。

(5)「八月の危機」――安保理事会決議二三七一とグアム包囲射撃の恫喝

七月四日の「火星14」型ICBM発射実験以降、安保理事会で北朝鮮に対する経済制裁を盛り込んだ決議の採択に向けて急ぐ米国と、これに反発する中国とロシアの間で激しい綱引きが行われた。早期の決議採択は難しいとみられたが、中国とロシアが一転して米国に擦り寄る形で、北朝鮮のICBM発射実験を非難すると共に北朝鮮に対し一層厳しい経済制裁措置を盛り込んだ決議二三七一が八月五日に全会一致で採択される運びとなった(88)。

二〇〇六年に金正日指導部がテポドン2号発射実験や第一回核実験など大規模軍事挑発に転じて以降、長距離弾道ミサイル発射実験や核実験のたびに北朝鮮に向けた経済制裁を盛り込んだ決議が安保理事会で採択されてきた。決議二三七一の採択までに七件もの決議が採択された。とは言え、経済制裁に例外事項などが設けられそれが抜け穴や抜け道になってきたことに加え、決議の履行も国連加盟国の自発的意思に委ねられるといった制約もあった。そのため経済制裁が期待されたほどの実効性を上げてきたとは言えなかった。

しかし一六年三月二日の決議二二七〇の採択以降、そうした抜け穴や抜け道も徐々に埋められ、また決議の履行も義務化された。にもかかわらず、北朝鮮との最大の貿易相手の中国だけでなく多くの加盟国も真摯に決議を実行に移してきたとは言えない。その結果、制裁が少なからず実効性を欠く感が否めなかった。

ところで、決議二三七一の骨子は石炭、鉄・鉄鉱石、鉛などの輸出の全面禁止、海産物の輸出の禁止、外国への北朝鮮労働者の追加派遣の禁止、四機関と九個人を新たに制裁対象に加えるなどであった。これにより、石炭、鉄・鉄鉱石、鉛などに加え海産物といった北朝鮮の主な輸出品目の輸出が全面的に禁止されることになった。

決議二三七一は二〇一六年一一月三〇日採択の決議二三二一に比較してさらに厳しい内容の制裁となった。決議二三七一が科した年間約四億ドルまたは七五〇万トンという北朝鮮の石炭輸出量の上限は取り払われ、石炭の輸出は全面的に禁じられる結果となった。一六年の北朝鮮輸出入総額は約六五億ドルであり、その内訳は輸出が約二八億ドル、輸入が約三七億ドルであった(89)。

前記の制裁対象品目の制裁が厳格に履行されれば、金正恩指導部の外貨獲得に実質的な打撃を与えることになる。北朝鮮の年間輸出総額に相当する約二八億ドルの内、九億五千万ドルほどが損失を受けることになり、このことは輸出総額の約三分の一程度が縮小することを意味する。[90]

とは言え、決議二三七一による経済制裁の実効性は相変わらず不透明かつ曖昧な部分を残した。その事由の一つは、北朝鮮の貿易の圧倒的割合を占める中朝貿易の実態が不明であることに関する。中朝貿易総額は二〇一七年前半だけで二五億五千万ドルであった。その内訳は輸出が一六億七千万ドル、輸入が八億八千万ドルであったとされる。北朝鮮への経済制裁が履行されているにもかかわらず、二〇一六年の同期に比較して中朝貿易は十％以上も拡大した。

これは制裁対象品目の取引が減るのと並行するかのように、制裁対象以外の品目の取引が大幅に増えた結果であると推定される。しかも問題なのは公式統計に表れない中朝間の非公式貿易であった。非公式貿易は公式統計上の貿易額を超過すると目される。[91]

これまで七件の安保理事会決議が採択されてきたが、北朝鮮の核・ミサイル開発に効果的な楔を打ち込むことになっていない。これまでみられたのは決議の採択に伴い、中国指導部が当初は制裁の履行に加わったが、そのうち履行を次第に緩めるという図式であった[92]。しかも、制裁が実効性を持つためには中国だけでなくロシアを初めとする他の国による制裁の履行も問われる。

他方、既述の通り中国産出石油に圧倒的に依存する北朝鮮への石油の禁輸は決議二三七一に盛り込まれなかった。これは何よりも石油の禁輸による金正恩体制の動揺を回避したい習近平指導部が拒んだからに他ならない。石油の禁輸が実施に移されることがあれば、遠からず北朝鮮の石油備蓄は底をつき、これに伴い北朝鮮経済が麻痺しかねないことが想定されることに標される通り、金正恩体制の屋台骨がぐらつきかねない。そうした余波をまともに受けかねない習近平指導部としては承服できることではなかった。

とは言え、決議採択に向けた審議が長引くことが予想された中で、中国とロシアが急遽、こうした譲歩に応じたことは金正恩にとって誠に心外であった。決議の採択を受け、金正恩は猛反駁へと転じた。

『朝鮮中央通信』は八月七日に「朝鮮民主主義人民共和国政府声明」の見出しで、共和国の国家核戦力の質量的増大に怖けた米国を初めとする敵対勢力が史上最悪の制裁、圧力、挑発に執着しているとして、安保理事会決議二三七一を激しく糾弾すると共に断固拒絶するとの政府声明を伝えた。[93] 決議二三七一の採択に対し金正恩が猛反発し決議を排撃すると して激しく反駁すると、トランプは猛然と金正恩に警告する。これにより、米朝間の緊張 は一気に高まることになるのである。

七月のICBM発射実験を背景に金正恩指導部が散々挑発的な言葉を流布する中で、米国は毅然と警告する必要があると、トランプは感じた。

八月八日、夏季休暇でニュージャージー州トランプ・ナショナル・ゴルフクラブに滞在中のトランプは記者団を前に語った。「北朝鮮にとって最善の策はこれ以上米国を脅さないことだ。北朝鮮は世界が目にしたことのないような炎と怒りを目の当たりにするだろう。[94]」

恫喝ともとれるトランプによる警告に金正恩は即座に反駁した。『朝鮮中央通信』は八月九日、「先鋭化した状況の下で米国は極力慎重でなければならない」という見出しで、「火星12」型中長距離弾道ミサイル四基による米領グアム島周辺への包囲射撃を行う作戦計画を朝鮮人民軍戦略軍が検討していることを伝えた。[95] 言葉だけでなく実際の行動として、金正恩はグアム包囲射撃を示唆したのである。

金正恩による米領グアム島周辺への包囲射撃の恫喝に対抗してさらなる警告にトランプ

は打って出た。休暇で滞在中のニュージャージー州でトランプは一〇日に記者団を前にして「（金正恩）がグアムに何をするかを見よう」と語り、もし北朝鮮がグアム周辺に向けて弾道ミサイルを発射すれば、「誰も前に目にしたことがないことが北朝鮮で起こるであろう」と不気味な警告を発した。(96) 金正恩による恫喝に対しトランプが恫喝で応じたことで、双方による恫喝合戦の様相を呈し始めたのである。

こうした状況の下で、中国やロシアの指導部は軍事衝突の回避に向けて深刻ともとれる危惧の念を表明した。

八月一一日、中国共産党系メディアの『環球時報』は「朝鮮半島での無謀なゲームは現実の戦争のリスクを冒す」という見出しの論説を掲載し、米朝双方に言動の鎮静化を訴えると共に、朝鮮半島での有事の際に中国が講ずる姿勢を明らかにした。(97) 米朝の恫喝合戦が言葉の上だけでなく軍事行動の様相を呈し始めた下で、双方を説得することを中国はできないと訴え、グアム包囲射撃に対する米国の報復爆撃の可能性に対し中立を堅持すると主張した。

中立を堅持するとしたのは米朝間で軍事衝突が発生しても、金正恩側に加担することはないと釘を刺すことにより、中国の軍事支援を当てにしてはならないとの立場を鮮明にしたと捉えることができた。

こうした姿勢は同メディアが二〇一七年四月二二日の論説を通じ米朝間の軍事衝突の際に中国が講ずるべき方針を明言したことを想起させる。[98] 当時、米国が北朝鮮の核・ミサイル関連施設への空爆を敢行しても黙認する用意がある一方、北朝鮮の体制転換を目論み軍事境界線を突破して北進すれば、中国は直ちに軍事介入に踏み切ると明言した。

これに対し、北朝鮮がグアム包囲射撃を行いこれに対し米国が空爆を行ったとしても中立を堅持するが、体制転換を目論むならば中国は阻止すると改めて断言した。体制転換と朝鮮半島の政治的地形を変更することには断固反対するとした姿勢は、米韓連合軍の手により北朝鮮が制圧されることは絶対に容認できないと言明したものである。初めて「戦争」という言葉に触れた四月二二日の論説に比較してより軍事衝突の危険性が高まっているとの認識に基づいたものであった。

(6) マティスの警告とグアム包囲射撃の見送り

グアム包囲射撃がいよいよ迫ったと思われた一四日、マティス(James Mattis)国防長官は北朝鮮が米領グアム島に向けてミサイルを発射すれば、即時に「戦争」に発展するであろうとこれ以上ない警告を行った。(99)グアム包囲射撃の準備完了の報告を受けた金正恩はいよいよ命令を下すかどうかという決断を迫られた。

八月一五日、『朝鮮中央通信』は「金正恩が朝鮮人民軍戦略軍司令部を視察」という見出しで、一四日にグアム包囲射撃についての判断を金正恩が示唆したことを伝えた。(100)金正恩は「米帝国主義者の無謀な軍事対決騒ぎは自らの手で首に罠を掛けてしまった」と語り、「悲惨な運命の辛い時を過ごしている愚かで間抜けな米国の行動をもう少し見守る」と述べた。「戦争」という言葉に後ずさりしたのか、グアム包囲射撃を寸前のところで金正恩は思い止まった。トランプ政権による度重なる警告を逆手にとるかのように、あらんかぎりの言葉でトランプを金正恩は罵倒した。米朝間の恫喝の応酬は言葉の戦争を繰り広げている印象を与えるものであった。

(7) 米韓合同軍事演習と金正恩の反発

グアム包囲射撃を巡り極度に高まった緊張は一先ず鎮静化へと向かった。ところが、八月二一日に米韓合同軍事演習「乙支《ウルチ》フリーダムガーディアン演習」が開始されたことにより緊張がまたしても高まった。『朝鮮中央通信』は八月二二日、「合同軍事演習が招く結果

の責任は米国が負うことになる」との見出しで、前日に始まった米韓合同軍事演習を激しく指弾した。(101)

これが導火線となり、金正恩指導部による過激な軍事挑発が再開された。八月二九日、平壌市の順安《スンアン》付近から弾道ミサイル一基が発射され北太平洋海域に着弾した。ミサイルの飛行距離は約二千七百キロ・メートル、最大高度は約五百五十キロ・メートルであった。発射されたのは「火星12」型ではないかと韓国合同参謀本部は推定した。(102)

『朝鮮中央通信』は八月三〇日、「金正恩が朝鮮人民軍戦略軍の戦略弾道ロケット発射訓練を指導」の見出しを掲げ、「火星12」型の発射実験を指導したと伝えた。(103) その中で、「火星12」型を初めて通常軌道で飛翔させた同発射実験は「グアムを牽制するための意味深い前奏曲」になるとし、八月に米国の態度を見守るとしてグアム包囲射撃を自重したが、これに対しトランプが米韓合同軍事演習で応えたことに怒りを爆発させ、同発射実験は「合同軍事演習に対する断固たる対応措置の序幕にすぎない」と、金正恩は言い放ったのである。

（8）第六回核実験と安保理事会決議二三七五

続いて間髪を入れずに九月三日に第六回核実験が強行されるに及んだ。八月二九日に行われた「対抗措置の序幕」に続く本番の措置が水爆実験であったことを物語った。『朝鮮中央通信』は九月三日、「ICBM搭載用の水爆実験成功に関する朝鮮民主主義人民共和国核兵器研究所声明」という見出しで、「朝鮮民主主義人民共和国の核科学者達が九月三日一二時、共和国の北部核実験場でICBM搭載用の水爆の実験を成功裏に行った」と伝えた[104]。四月に習近平指導部から石油供給制限という圧力を受け核実験を思い止まった金正恩指導部はいとも簡単に核実験を断行したのである。しかも爆発させたのは水素爆弾であったと同指導部は明言した。

その爆発威力はおよそ百六十キロ・トンに及んだと日本政府は断定した[105]。これは広島型原爆の実に十倍もの爆発威力であったことを物語る。二〇〇六年一〇月の第一回核実験から一一年経て、気づいたときには北朝鮮は巨大な水爆実験を成功させるまでになっていた。しかも強行された水爆は電子機器に依存する社会・経済インフラを瞬時にして無力化しかねない電磁波爆弾であったと、金正恩指導部は断言したのである[106]。もしもそうした電磁波爆弾が炸裂しようものならば、あらゆる面で電子機器に依存する現代の文明社会が根底から破壊されかねない危険性があることを物語った。対米核攻撃能力の獲得に向けた金正恩の動きはもはや止められないところまで来た。

これに対し、トランプが対抗措置に打って出ないわけはなかった。核実験に危機感を露にしたトランプは安保理事会での北朝鮮に対する石油の全面禁輸を骨子とする決議の採択を目指した。とは言え、石油の全面禁輸に反発する中国やロシアが激しく食い下がったため、当初の全面禁輸という主張を米国が取り下げたことにより、九月一二日に全会一致で安保理事会決議二三七五が急遽、採択される運びとなった(107)。

決議二三七五は当初案に比較して控えめな内容の決議に終わったとは言え、北朝鮮への石油の供給に始めて縛りが掛かった。同決議が北朝鮮への石油の輸出量を過去一年の水準に凍結する一方、石油精製品の輸出量に年間二百万バレルという上限を設定したことにより、石油及び石油精製品を含めた北朝鮮の油類全体の輸入総量は三割の落込みが見込まれるとされた。

決議二三七五の採択は直ちに金正恩による猛反発を招いた。金正恩指導部は「火星12」型の発射実験で応えた。九月一五日に北海道上空を突破し、襟裳岬の東方約二千キロ・メートルの北太平洋上に着水した同ミサイルの飛行距離は約三千七百キロ・メートルに及んだ。[108]

一六日に『朝鮮中央通信』は「金正恩が「火星12」型の発射訓練をまたもや指導」という見出しを掲げ、対米核攻撃能力の獲得に近づいたと、金正恩が誇らしげに語ったことを伝えた。[109] 同ミサイルが米領グアム島までの距離を十分に超える約三千七百キロ・メートルを飛行したことにより、ミサイルの射程距離の上でグアム島への攻撃能力を実証する形となったのである。[110]

(9) 対米ICBMの完成に向けて――太平洋上での核実験の可能性

この間、米朝の恫喝合戦は一層激しさを増した。九月一九日に国連総会の一般討論演説の場で、「米国自身、もしくは米国の同盟国を守る必要に迫られた場合、北朝鮮を完全に破壊する以外の選択肢はなくなる」とトランプは力を込め、「ロケット男は自身と自身の体制に対する自爆任務に突き進んでいる」と金正恩を罵倒した。[111] これが金正恩を激憤させないわけはなかった。

怒りに満ちた金正恩は「朝鮮民主主義人民共和国国務委員会委員長声明」という異例の声明を発し、その中で「トランプが世界の面前で私と私の国家の存在を否定し、侮辱し、朝鮮民主主義人民共和国を破壊するという史上最も暴悪な宣戦布告を行った以上、我々はそれに相応する史上最高の超強硬対応措置の断行を慎重に考慮するであろう」と激しく反駁した。(112) 金正恩の声明を受ける形で、まもなく李容浩《リ・ヨンホ》北朝鮮外相は「史上最高の超強硬対応措置」とは「史上最高の水爆実験を太平洋上で実施するというものではないか」と発言したのである。(113)

李容浩が示唆した太平洋上での水爆実験は重大な懸念を喚起した。太平洋上で水爆実験を実施すると言うが、そうした実験は技術的に実行可能なのであろうか。李容浩の発言の主旨はむしろ太平洋方向に向け核弾頭搭載のＩＣＢＭを発射し、太平洋上で核爆発させることにあるのではないかと推測された。

このことは形振り構わず対米ＩＣＢＭの完成を目指す金正恩指導部が以前から企図してきた太平洋海域に向けたＩＣＢＭ発射実験であることを物語る。対米ＩＣＢＭを完成させるためには「ロフテッド軌道」と呼ばれる通り、極端な高角度でＩＣＢＭを打ち上げ日本近海に着水させるのではなく、通常軌道でＩＣＢＭを発射し米国本土付近の太平洋海域に撃ち込む必要があることを踏まえると、国連総会での金正恩に対するトランプによる罵倒を逆手にとるかのように、李容浩が金正恩の目論む発射実験を示唆したことを意味した。

しかも李容浩がほのめかしたのは、核弾頭搭載ＩＣＢＭを太平洋方面に向け発射させ、太平洋上で核爆発させることにある通り、ＩＣＢＭ発射実験と核実験の両方を一度に断行することを物語ったのである。もしも李の言う実験に成功するようなことがあれば、金正恩が最終目標に据える対米ＩＣＢＭは事実上、完成に至ると考えられる。

とは言え、対米ＩＣＢＭの完成に向けた技術的な課題が解決されたわけではない。七月二八日の「火星14」型ＩＣＢＭの発射実験において潜在的な射程距離が一万キロ・メートルに及んだと推定されたとは言え、通常軌道での飛翔で太平洋方面に同等な飛距離を確保できるかどうか。またＩＣＢＭの上部に搭載できるほどに核弾頭を小型化する技術を確立しているのか相変わらず不確実である。さらに核弾頭が大気圏に再突入する際に発生する猛烈な高熱と振動から弾頭を保護するだけでなく、確実に起爆させるという技術が確立されたかどうかについては一層の疑問が残る。

こうしたことから、李容浩がほのめかしたのはむしろ金正恩が目指す最終段階の実験のことであり、同実験が直近に迫ったことを意味するわけではないであろう。上記の技術的な課題を解決するために幾つもの実験が繰り返し行われることが予想される。

いずれにせよ、もし核弾頭搭載ＩＣＢＭを発射し太平洋上で核爆発させるようなことがあれば、米国に対する核ミサイル攻撃に向けたリハーサルとしかトランプの目に映らないであろう。そうした核ミサイル攻撃と思われる事実上の戦争行為をトランプが許容する余地は全くない。

(10) トランプによる先制攻撃の可能性

発射実験の可能性を殊の外重大視したトランプはＩＣＢＭ発射実験を断固阻止すべく姿勢を硬化させている。八月のグアム包囲射撃計画を巡る米朝の恫喝の応酬においてマティス国防長官は米領グアム島に向けてミサイルが飛来することがあれば、ミサイルを迎撃すると明言した。これに対し、核弾頭搭載ＩＣＢＭの発射実験の可能性に危機感を露にしたトランプはミサイル迎撃で対処するというよりも、発射準備態勢にあるＩＣＢＭの破壊を目指すことを示唆している。

すなわち、ＩＣＢＭの発射の兆候を事前に掴み、ミサイルに核弾頭が実際に搭載されていると判断されれば、空爆により直ちにＩＣＢＭを破壊する行動にトランプは打って出るのではないかという推測が広がった。そうした先制攻撃は米国内で賛否両論を呼ぶことになった(114)。これは未だかつてないほどの一触即発の非常事態を招来させかねない。もしも金正恩が核弾頭搭載ＩＣＢＭの発射実験に向けて動き出し、これに対し発射実験を断固阻止すべく先制攻撃にトランプが打って出ることがあれば、これまで米朝間で繰り広げられてきた激しい言葉の戦争は一気に現実の戦争に変貌しかねないからである。

⑾　金正恩による大規模報復の危険性

発射準備態勢にあるＩＣＢＭを空爆によって叩くという選択肢には多くの問題がある。そうしたＩＣＢＭを空爆によって確実に叩くことができるであろうか。空爆による破壊対象を発射準備態勢にあるＩＣＢＭだけに絞るとしても、金正恩の目には北朝鮮に対する大規模な空爆と何ら変わらないと映るであろう。その結果、米軍による空爆に対し金正恩が直ちに大規模な報復行動を決断するという道筋が導かれよう。

二〇一七年四月二五日に実施された最大規模の砲撃訓練で示された通り[115]、軍事境界線の北側に張り付けた朝鮮人民軍砲兵部隊が力の限りを振り絞りソウルを「火の海」にすべく砲弾を浴びせることに加え、朝鮮人民軍の大機甲部隊が韓国領内に雪崩れ込むことが想定される。もしもそうした事態へと及べば、米韓連合軍は否応なく猛反攻へと転じることが予想される。

この結果、大規模の軍事衝突が朝鮮半島中央部で発生しかねない。緒戦で朝鮮人民軍が優位に立つことがあるとしても、時間の経過と共に米韓連合軍が優勢になると推測される。その後、米韓連合軍は軍事境界線を突破し北朝鮮全土の制圧に向け北進を決断する可能性が高い。

他方、米韓連合軍による北進が習近平指導部に重大な決断を突きつけることは疑問の余地はない。習近平指導部も自らの権益を確保すべく軍事介入を決断する可能性がある。『環球時報』が四月二二日付けの論説で論評した通り、米軍が軍事境界線を突破し北進することがあれば、中国は座視することはないであろう。[116] そうなれば朝鮮半島において米中が激突するという最悪とも言える軍事衝突が起きかねない。そうした事態とは朝鮮戦争の再現であり、「第二次朝鮮戦争」と形容できるであろう。これと並行して、自暴自棄となった金正恩が核ミサイルを韓国やわが国に撃ち込むという決断に至る可能性がないわけではない。こうした展望はすべての関係国にとって何としても回避したい悪夢の展望である。

このため、発射準備態勢にあるＩＣＢＭの破壊に限定した空爆を断行したとしても、それがもたらしかねない連鎖反応を熟慮すれば、トランプは空爆を思い止まらざるをえないといった可能性もある。そうなれば、金正恩の思い描く道筋が実現に向かう可能性が出てくる。

⑿ 対米ＩＣＢＭの完成と米朝核交渉の展望

そうした道筋に従えば、遠からずして金正恩が対米ＩＣＢＭの完成を高らかに宣言し、その上で米朝核交渉を開催しトランプに核保有の容認を迫りたいところであろう。[117] とは言え、そうした道筋をトランプがよしとする可能性は極めて低い。トランプは今後とも核保有を断固容認する用意がない結果、金正恩とトランプの間の睨み合いはますます尖鋭化するであろう。

とは言え、双方がこれ以上睨み合いを続けることがこの上なく危険であることを踏まえると、米朝核交渉にトランプが応じる可能性が全くないわけではない。その結果として金正恩が認めている筋書き通り、米朝核交渉が開催の運びとなる可能性はないわけではない。

しかし核兵器の保有を容認せよという金正恩の要求と、非核化に応じろとするトランプの主張には全く妥協の余地が見当たらない。そうした隔たりを勘案すれば、かりに核交渉が開催されることがあるとしても、妥結に向けた展望は容易に開かれないであろう。

この結果、遅かれ早かれ交渉は決裂する可能性が高い。決裂を待ち金正恩は大規模の軍事挑発へと戻るのに対し、トランプはこれまで以上に厳しい経済制裁を骨子とする圧力行使を再開するであろう。その先に待ち受けているのは万策尽きた上での一触即発の事態なのである。

対米ＩＣＢＭの開発が佳境に入りつつあることに並行して、事態は極めて流動的で、この先、どのように展開するのか全く予測がつかない。朝鮮半島を巡る危機は臨界点を迎えようとしている。ひたひたと、戦争の足音が近づいてくる感を覚える。

第2章　破局へ向かう展望

第二章は近い将来において起きることが予見されうる展望について論述してみたい。それらはいずれも金正恩体制の崩壊を招きかねない破局に向かう展望である。

第一節　大規模軍事衝突の可能性

二〇一七年の初めからの進捗は目を疑わせるものがある。金正恩の狙いが米国本土を射程に捉える核弾頭搭載ＩＣＢＭの開発にあることが明白になるに連れ、これ以上核実験や弾道ミサイル発射実験が強行されるという事態を看過できないと受け止めたトランプは四月上旬の米中首脳会談で金正恩への圧力行使を習近平に求めた(1)。トランプの意向を汲む形で習近平が北朝鮮への石油の供給制限を強く警告したことが金正恩をして四月中の核実験を取り止めることにつながった(2)。これが「四月の危機」であった。これにより喫緊に差し迫った感があった危機は収束したが、問題は何ら解決していなかった。

その後、習近平指導部は一転して北朝鮮への石油の供給制限に消極的となった。もしも全面的な石油供給制限に中国が踏み切ることがあれば、いずれ北朝鮮の備蓄燃料の枯渇が起こり、ひいては北朝鮮経済の麻痺を引き起こす結果になりかねない。その結果、遅かれ早かれ金正恩体制は根底から動揺することになり、そうした状況の下であらゆることが起きかねないと習近平が危惧したからである。

膨大な数に上る北朝鮮国民が中国との国境に殺到するといった事態、自暴自棄になった金正恩が韓国への軍事侵攻を決断する可能性、はたまた金正恩が韓国や日本に対する核ミサイル攻撃の断行を命令するといった事態、あるいは朝鮮人民軍の一部が金正恩体制を打倒すべく軍事クーデターを敢行する可能性、さらには数十年にわたり抑圧されてきた国民が暴動や蜂起に打って出る可能性など、どれをとっても憂慮すべき事態である。

そうした事態が発生しかねないことを熟慮すれば、習近平指導部は全面的な石油供給制限に同意することを逡巡せざるをえない。こうして習近平は石油供給制限を通じた圧力行使に及び腰となったのである。

この間、金正恩指導部は対米ＩＣＢＭの完成に向けて怒涛のごとく進んだ。二〇一七年七月の二度にわたるＩＣＢＭ発射実験[3]、九月の第六回核実験に標される通り[4]、金正恩が対米ＩＣＢＭの完成を宣言する日が確実に近づいている。対米ＩＣＢＭの完成を断固看過できないとトランプが判断すれば、北朝鮮の核・ミサイル関連施設を破壊すべく空爆を敢行する可能性がある。

しかも李容浩《リ・ヨンホ》北朝鮮外相が九月二一日に太平洋上で水爆実験を断行する可能性があることを示唆したことはトランプ政権だけでなく全世界を震撼させた(5)。

その後、その主旨は核弾頭搭載ＩＣＢＭを太平洋方面に発射し、太平洋上で核爆発させることにあるのではないかと受け取られた。これを殊の外、重大視したトランプは飛来するＩＣＢＭに対しミサイル迎撃で対処する前に、ＩＣＢＭの発射準備に向けた兆候を事前に掴み、ＩＣＢＭに核弾頭が搭載されていると判断すれば、直ちに空爆によって叩くことも辞さずとの姿勢をみせている(6)。

ところが、発射準備態勢にあるＩＣＢＭの破壊に空爆が限定されたとしても、一度空爆に曝されることがあれば、意を決したかのように報復として韓国への大規模侵攻に金正恩指導部が打って出る可能性がある。これと並行して、韓国や日本に対して核ミサイル攻撃を断行する決断に金正恩が至る可能性も排除できない。

この間、安保理事会決議が相次ぎ採択され北朝鮮に間断なく経済制裁が加えられている。その実効性には相変わらず不透明かつ曖昧なところがあるとは言え、北朝鮮の主要輸出品目である石炭や鉄鉱石の輸入禁止だけでなく北朝鮮の主要輸入品目である石油の供給制限を習近平指導部が行い、これが備蓄燃料の枯渇とひいては北朝鮮経済の麻痺を招くようなことがあれば、窮地に立たされた金正恩指導部が韓国への大規模侵攻を企てるといった可能性もある。

すなわち、米国による空爆を受けた際の報復として韓国への大規模侵攻を決断する可能性がある一方、経済制裁による圧力により追い詰められた金正恩が大規模な報復を決断する場合もあろう。

そうしたことを斟酌すれば、トランプが空爆を逡巡する可能性もある。その結果、遅かれ早かれ対米ＩＣＢＭの完成に至るとの展望もないわけではない。結局、対米ＩＣＢＭの完成を金正恩が正式に宣言し、その実戦配備に移ることも想定する必要があろう。その結果、紆余曲折を経て辿り着くのは米朝核交渉ということになるであろう。とは言え、米朝双方の主張があまりに食い違うことを考慮すると、核交渉において折り合いが付くとは考え難い。

その結果、交渉の場を離れた金正恩はトランプ側に対し誹謗中傷を繰り返しながら、またしても軍事挑発に戻るであろう。これに対し、トランプは金正恩に一層の圧力を加えるべく北朝鮮包囲網を構築してさらなる経済制裁を骨子とする圧力を加えると共に、朝鮮半島有事への備えを固めるであろう。

これらの結果、一触即発の事態を招きかねない緊張状態が恒常的に続くことが予想される。そうした中で偶発的な事由に起因する軍事衝突が遅かれ早かれ勃発することが真剣に危惧されるのである。以下において分析してみたい。

（1）核・ミサイル関連施設への先制攻撃

北朝鮮の核・ミサイル関連施設への空爆が取り沙汰されるようになった端緒はトランプ政権が発足してからではない。二〇一六年九月九日の第五回核実験は米国の国防関係者に対して甚大とも言える衝撃を与えた。[7] このことはとりもなおさず、核兵器開発と弾道ミサイル開発をこのまま野放しにすれば、遠からず対米ＩＣＢＭを金正恩指導部が完成するのではないかとの危惧が表明されるようになったからである。

こうした中で、米国防関係者の間では北朝鮮の核・ミサイル関連施設などへの先制攻撃の可能性が取り沙汰された。

マレン（Mike Mullen）元米統合参謀本部議長は北朝鮮の核・ミサイル関連施設への先制攻撃は多くの選択肢の一つであり、これは金正恩の今後の行動いかんによると言明した。[8] マレンの発言は国防関係者の間で先制攻撃が真剣に考慮され出したことを物語った。

同発言は当時のオバマ政権に飛び火した。九月二二日のホワイトハウスの定例記者会見の席上、オバマ大統領が北朝鮮に対して空爆計画を持っているかと尋ねられ、アーネスト(Josh Earnest)ホワイトハウス報道官は一般論としていかなる先制攻撃計画の議論も事前に米国は行わないと答えた。[9] 報道官の答弁は北朝鮮に対する具体的な軍事行動を検討しているわけではないが、核・ミサイル関連施設への先制攻撃の可能性が全くないわけではないことを示唆した。

(2) 金正恩の「新年の辞」とトランプ政権による空爆の示唆

そこに持ってきて二〇一七年一月一日の「新年の辞」の中で金正恩が対米ICBMの完成が近いことを示唆する声明を行った。[10] これに伴い、ICBM発射実験と第六回核実験が遠からず強行されるのではないかという観測が頻繁に流布された。

核兵器開発と弾道ミサイル開発計画に歯止めがかからないという状況を踏まえ、このまま開発が野放しのままでは、北朝鮮のICBMが米国本土の大都市も射程に捉えるという可能性は排除できなくなった。これに対し、トランプ政権がそうした可能性に対し空爆作戦を骨子とする軍事的対応を排除しないことを示唆したのである。[11]

（3）「外科手術式攻撃」

そこで取り沙汰されるのが北朝鮮の核関連施設やミサイル関連施設に的を絞り空爆を敢行するという選択肢である。こうした空爆は攻撃対象施設を悪性の腫瘍であるかのごとくみなし、それに対しあたかも外科手術を通じ問題の部分を切除するというもので、「外科手術式攻撃（surgical strike）」と呼ばれてきたものである。空爆という選択肢を後押しするのは過去にイスラエル空軍がイラクとシリアの原子炉を空爆した事例である。しばしば引用される事例が一九八一年六月七日にイスラエル空軍機がイラクの首都バクダッドの南東十七キロ・メートルに位置し、当時建設中であったオシラク（Osirak）原子炉に対し空爆を敢行し、同原子炉を全壊させた「オペラ作戦（Operation Opera）」であった[12]。

二〇〇七年九月にはシリアの原子炉をイスラエル空軍機が破壊した[13]。これらの空爆作戦ではイスラエル空軍の思惑通り作戦が進み、イラクによる反撃もシリアによる報復も事実上、なかった。しかし過去の空爆作戦が功を奏したからといって、北朝鮮の核・ミサイル関連施設への空爆が何の報復も受けず首尾よく危機が収束するという確証は全くない。

そうした「外科手術式攻撃」と揶揄される空爆が急速に現実味を帯びだした。その直接の発端は既述の通り、李容浩が二〇一七年九月二一日に太平洋上で水爆実験を行う可能性を示唆したことに始まる。(14) 李容浩が示唆した太平洋上での水爆実験は様々な推測や憶測を呼んだ。その後、同発言の主旨はおそらく太平洋方向に向け核弾頭搭載のＩＣＢＭを発射し、太平洋上で核爆発させることにあるのではないかと理解されることになった。

もしもそうであるとすれば、対米ＩＣＢＭの完成を最終目標に掲げる金正恩指導部にとって何としても果たさなければならない機会が到来したことを物語る。最終目標を実現するためには通常軌道でＩＣＢＭを発射し米国本土をほぼ射程に捉える飛距離を確保することに加え、太平洋上で核爆発させることが必須であると、金正恩が捉えている。そうした最終目標に向けた実験であることを踏まえると、李容浩の発言の主旨が理解できよう。もしも核弾頭搭載のＩＣＢＭを発射させ、太平洋上で核爆発させることがあれば、対米ＩＣＢＭの完成に一気に近づく。

しかしそうした実験をトランプが黙視するわけはない。ＩＣＢＭの発射の兆候を事前に掴み、ＩＣＢＭに核弾頭が実際に搭載されていると判断されれば、直ちに空爆によりＩＣＢＭを叩くという先制攻撃をトランプは排除していない。しかしそうした空爆作戦が敢行されれば、それに対し金正恩指導部が大規模な報復に打って出る可能性が高い結果、大規模の軍事衝突が朝鮮半島中央部で発生することは避けられそうにない。

その主な事由は下記の通り、朝鮮半島中央部で朝鮮人民軍と米韓連合軍が厳しく対峙しており、一度軍事衝突が勃発することがあれば、連鎖的に戦域が一気に拡大しかねない状況に加え、双方共に先制攻撃を骨子とする軍事戦略を踏襲しているからである。

(4) 朝鮮半島中央部での軍事的対峙[15]

ここで双方の戦力を簡単に比較し、その上で双方の軍事戦略を概観してみよう。

左の図にある通り、朝鮮人民軍は約百十九万人以上の総兵力から編成される。[16] その内、陸軍は兵員約百二万を抱え、約三千五百両もの戦車を保有する。海軍は約七百八十隻(約十・四万トン)の艦艇、旧式の二十隻の潜水艦を有する一方、空軍は約五百六十機の作戦機と百八機の戦闘機を有する。特殊部隊は約十万であり、サイバー部隊が養成されているとされる。

これに対し、韓国軍の兵員は総勢約六十二・八万人である。[17] この内、陸軍は兵員約四十九・五万人を抱え、約二千四百両の米国製戦車を有する。海軍は艦艇約二百四十隻(約二十一・二万トン)、潜水艦十三隻、駆逐艦十二隻、フリゲート艦十一隻から編成される。空軍力は作戦機約六百二十機、戦闘機二百九十四機を擁する。

「朝鮮半島で対峙する朝鮮人民軍、韓国軍、在韓米軍の戦力」

		北朝鮮	韓国	在韓米軍
総兵力		約119万人	約62.8万人	約2.5万人
陸軍	陸上兵力	約102万人	約49.5万人	約1.7万人
	戦車	T-62、T-54/-55など 約3,500両	M-48、K-1、T-80など 約2,400両	M-1
海軍	艦艇	約780隻　10.4万トン	約240隻　21.1万トン	支援部隊のみ
	駆逐艦 フリゲート 潜水艦	 4隻 20隻	12隻 11隻 13隻	
	海兵隊		約2.9万人	
空軍	作戦機	約560機	約620機	約80機
	第3/4世代戦闘機	Mig-23×56機 Mig-29×18機 Su-25×34機	F-4×70機 F-16×164機 F-15×60機	F-16×60機
参考	人口	約2,500万人	約4,900万人	
	兵役	陸軍　5〜12年 海軍　5〜10年 空軍　3〜4年	陸軍　21か月 海軍　23か月 空軍　24か月	

(注)　資料は、「ミリタリー・バランス(2016)」などによる。

(出典:『平成28年版　日本の防衛(国防白書)』(防衛省・2016年) 20頁。)

加えて、韓国軍の背後には総兵力約二万五千人の在韓米軍が控える。その内、米陸軍は約一万七千人の兵員を有する一方、米空軍は約八十機の作戦機と六十機の戦闘機を有する。[18]

(5) 朝鮮人民軍の軍事戦略

一九五三年七月の朝鮮戦争の休戦以来、南北を分ける軍事境界線が事実上の国境となった。約千百万の人口を抱え、韓国の政治・経済の中枢を担うソウルは軍事境界線から直線でわずか四十キロ・メートル程度しか離れていない。これがソウルの地政学上の脆弱性である。金日成と金正日の時代から、朝鮮人民軍の一貫した軍事戦略の要は国家存亡の危機に瀕することがあれば、軍事境界線に近接した地域に展開する朝鮮人民軍の前方展開戦力をもってソウルを一気に叩き、その勢いで韓国全域の制圧に乗り出すというものであった。

このため軍事境界線と近接する地域に大規模の戦力を朝鮮人民軍は張り付けてきた。実際に、軍事境界線から北方百キロ・メートル以内に約百万人を数える朝鮮人民軍陸軍の総兵力の内、約七割に相当する約七十万人が展開すると共に、火力の八割が集中しているとみられる。[19] しかも保有する約三千五百両の戦車の内、約二千両の戦車に加え、約八千門の長距離砲、多連装ロケット砲、自走砲など火砲が無数の地下坑道で防護されている。(20)これらの前方展開戦力がソウルに狙いを定めている。しかもソウルだけが標的となっているわけではない。約五千万人を数える韓国の全人口の約二千四百万人もの人口が集中するソウルを基点とした首都圏全域が攻撃対象となるであろう。(21)

金指導部が得意とする脅し文句はソウルに一斉砲撃を浴びせソウルを「火の海」にするというものである。

南北間で緊張が急速に高まった一九九四年三月に軍事境界線上にある板門店《パンムンジョム》での南北実務者協議の席上、朴英朱《パク・ヨンス》北朝鮮代表団首席代表は宋栄大《ソン・ヨンデ》韓国代表団首席代表に対しソウルが「火の海」になると、恫喝する一幕があった。(22)これが「火の海」発言である。その後、金正日指導部は同様の恫喝をしばしば行ったが、金正恩指導部に至ると、事あるごとに同様の恫喝を持ち出している。(23)

したがって、金正恩指導部の指示に従い直ちに長距離砲、多連装ロケット砲、自走砲などを用いてあらん限りの砲弾を韓国側に浴びせながら、できるだけ短時間の内に大機甲部隊が軍事境界線を一気に突破し韓国領内に雪崩れ込むことが想定される。すなわち、朝鮮人民軍の狙いは軍事境界線の南側に展開する韓国軍の前方展開戦力に対し奇襲攻撃を仕掛

け一気に粉砕し、その勢いでソウルの攻略に打って出ることにある。(24)

朝鮮人民軍の軍事能力が実際にどの程度のものなのかは必ずしも明らかではない。実際の軍事能力は推測されている程ではないという見解もあろう。とは言え、軍事境界線の北側に集中する朝鮮人民軍の前方展開戦力がソウル首都圏に深刻な被害を与えかねないことは過言ではないようである。そうなれば、経済・社会インフラの破壊などにより大打撃を受けたソウルは首都機能を喪失するだけでなく、人的な被害も甚大となりかねない可能性がある。

他方、手持ちの軍事物資、弾薬、食糧など補給能力で厳しい制約があることから戦闘を継続する朝鮮人民軍の能力は限られている結果、長期戦を耐え凌ぐことは人民軍にとって困難とみられる。ソウルの攻略に続き韓国領土深く迅速に進撃し、三十日以内に韓国全土の制圧を目指したい人民軍にとって電撃戦はまさしく時間との闘いとなる。

朝鮮人民軍からみて韓国制圧にとって何よりも邪魔となるのが在韓米軍である。人民軍からみれば、在韓米軍を首尾よく韓国軍から切り離すことができれば、韓国軍は事実上、無力化できるという展望が開かれる。韓国軍と在韓米軍の増派態勢が整う前に人民軍は決着を付けなければならない。これがうまくいかなければ、戦闘は長引くことになる。戦闘の長期化に伴い米韓連合軍が優位に立つことが予想されるのである。[25]

（6）米韓連合軍の軍事戦略

他方、朝鮮人民軍の大機甲部隊が実際に韓国領内に雪崩れ込むような事態へと及べば、事態を米韓連合軍が黙視することはない。米韓連合軍の最大の課題はソウルが被りかねない被害をどれだけ最小限に食い止めることができるかである。

（7）「作戦計画五〇二七」

米韓連合軍は一九七〇年代からそうした有事を想定した「作戦計画五〇二七（"OPLAN5027"）」を練り上げてきた。[26] 同作戦計画は朝鮮人民軍が韓国へ大規模侵攻を企てるという想定に立ち、それに対しどのように対応するかに力点を置いてきた。朝鮮人民軍の侵攻を受けた韓国軍の喫緊の課題はソウルの防護である。

韓国軍空軍機と在韓米軍空軍機は進撃を続ける人民軍の機甲部隊に対し上空から激しい爆撃と機銃掃射を浴びせ、逸早く制空権を確保するよう努める。これと並行し、人民軍の進撃を食い止めるべく米韓連合軍は増援部隊の拡充を図る。米韓連合軍の猛反攻を受け人民軍によるソウル攻略は失敗に帰し、軍事境界線の北側に押し戻される。

その後、猛反攻に転じた米韓連合軍は軍事境界線を一挙に突破し北朝鮮領内深く進撃を開始する。続いて、北朝鮮の重要な攻撃発動拠点を制圧すると共に人民軍による反撃を封じる。この間、北朝鮮の海岸に米韓連合軍が上陸し平壌制圧に向け進撃を続ける。米韓連合軍は平壌を陥落させた後、その勢いで中朝国境に迫り、これをもって北朝鮮全域の制圧を果たすのである。

(8)「作戦計画五〇一五」の策定

しかし近年、北朝鮮の核兵器開発計画と弾道ミサイル開発計画が一段と加速していることを踏まえ、「作戦計画五〇二七」では緒戦で被る韓国側の被害が甚大となりかねないと危惧されるようになった。こうして二〇一五年に採択されたのが「作戦計画五〇一五（"OPLAN5015"）」である。[27]

「作戦計画五〇一五」は朝鮮人民軍が大規模奇襲攻撃に打って出ることを阻止することに力点を置く。このために人民軍による奇襲攻撃の兆候を素早く探知し、その攻撃発動拠点に空爆を敢行することにより拠点を叩き潰すことを目指す。つまり、攻撃発動拠点となる核関連施設、弾道ミサイル関連施設、ミサイルや火砲などが秘匿されている地下坑道などに大規模な「精密爆撃」を加え、北朝鮮の奇襲攻撃能力を無力化するという作戦計画であると言えよう。

(9)「作戦計画五〇一五」と米韓合同軍事演習

「作戦計画五〇一五」は二〇一五年夏季に実施された米韓合同軍事演習の「乙支《ウルチ》フリーダムガーディアン演習(Ulchi-Freedom Guardian:UFG)」において初めて適用された。[28] その後、上記した米韓連合軍による作戦計画は二〇一六年春季と同年夏季の米韓合同軍事演習に映し出された。

(10)二〇一六年春季の米韓合同軍事演習

三月七日から一八日には「キー・リゾルブ演習(Key Resolve Drill:KR)」が実施されたのに続いて、三月一八日から四月三〇日まで「トクスリ訓練(フォール・イーグル訓練)(Foal Eagle Exercise:FE)」という呼称の演習が行われた。[29]

同演習は朝鮮半島有事の際に米韓両国が北朝鮮との軍事衝突にどのように対応するかに

ついての実践演習となった。両軍事演習が最大規模の米韓合同軍事演習となったことは動員された兵員の数が最大規模であっただけでなく、米軍の最新型兵器が続々と投入されたことに標された。一連の軍事演習は北朝鮮による核ミサイル攻撃が行われる兆候を逸早く探知し未然にそうした攻撃発動拠点を先制攻撃によって叩き潰すという「作戦計画五〇一五」が適用された本格的な合同演習となった。また金正恩を標的とする「斬首作戦」の可否が検討された。

この間の三月七日から一八日には大規模上陸作戦である「双竜訓練」が実施された。「双竜訓練」は北朝鮮の海岸に米韓連合軍が上陸作戦を敢行し、金正恩が潜む平壌の指揮部を壊滅させることを目的とした内陸進撃作戦訓練であった。三月一二日に韓国南東部の浦項《ポハン》において水陸両用車を使い海岸へ上陸し、上陸地点を制圧することを目的とした「双竜訓練」を米韓連合軍が公開した。これは朝鮮半島有事の際に米韓両国が北朝鮮との軍事衝突にどのように対応するかについての実践演習となった。しかも演習を通じ米韓連合軍は金正恩が潜む指揮部を制圧できるとの確信を得たのである。

（11）二〇一六年夏季の米韓合同軍事演習

二〇一六年春季の米韓合同軍事演習に続き、八月二二日から九月二日まで「乙支《ウルチ》フリーダムガーディアン演習」が実施された。(30) 同演習は平壌の金正恩の潜む指揮部の壊滅を企図したものであり、コンピューター・シミュレーションを通じ金正恩の指揮部を壊滅させることができると米韓連合軍は改めて確信を得たという。これがまた金正恩を著しく挑発することにつながった。同演習の終了から七日後の九月九日に核弾頭爆発実験と銘打った第五回核実験が強行されたのである。

（12）韓国軍の「韓国型三軸体系」

同核実験を受け、任浩永《イム・ホヨン》韓国軍合同参謀本部戦略企画本部長は九月九日、北朝鮮の核ミサイル攻撃の脅威に対する抑止力を確保するため「韓国型三軸体系」を明らかにした。(31)「韓国型三軸体系」とは米韓連合軍とは別に韓国軍の独自の防衛力の強化を目指すものであった。「キルチェーン（Kill Chain）」、「韓国型ミサイル防衛（ＫＡＭＤ）」、「大量反撃報復（KMPR：Korea Massive Punishment & Retaliation）」を三軸体系として推進すると、任は言明した。

第一軸は北朝鮮が核弾頭搭載弾道ミサイルを発射するのを事前に阻止するために核ミサイル攻撃を行う兆候を探知次第、攻撃発動拠点を先制的に叩く「キルチェーン」である。[32]これに続く、第二軸は韓国に飛来する核ミサイルを迎撃する「韓国型ミサイル防衛」である。[33] 第三軸は金正恩首脳部に狙いを定めた報復作戦を決行する「大量反撃報復」である。[34]「三軸体系」の構築と並行して韓国軍が在韓米軍と共に先制攻撃を想定する「作戦計画五〇一五」を認めていることは、有事を想定し幾重にも重なる重層的な国防政策を韓国軍が推進していることを物語る。二〇一六年の終りの段階までに朝鮮半島情勢は極めて憂慮される事態に及んだのである。

(13) 一九九四年六月の危機

これに加え、二〇一七年の進捗は憂慮される事態がいよいよ現実化しかねない局面に差し掛かろうとしていることを物語る。以上に概観した朝鮮半島中央部における軍事的対峙と朝鮮人民軍と米韓連合軍の軍事戦略を踏まえた際、もし北朝鮮の核・ミサイル関連施設などに対し米軍が空爆を敢行すれば、金正恩指導部による大規模な報復を受けることは必至であろう。

一九九〇年代以降、そうした空爆作戦は少なくとも二度検討された。第一は金日成指導部による核兵器開発疑惑を巡り米朝間の緊張が急速に高まった九四年六月に、クリントン（William J. Clinton）政権が寧辺《ニョンビョン》の核関連施設への空爆準備を進めた。[35]また二〇〇六年一〇月に金正日指導部が第一回核実験を強行した際にも、ブッシュ（George W. Bush）政権は核関連施設への空爆を検討した。[36]

特に前者の場合には空爆作戦が寸前で取止めになった経緯がある。これが一九九四年六月の危機であった。[37]当時、金日成指導部の核兵器開発疑惑が浮上する中で米朝両国は厳しく反目した。クリントン政権は安保理事会で決議を採択しそれに基づき北朝鮮への経済制裁措置の発動を模索したが、中国とロシアの猛反発に会い決議の採択は事実上、頓挫した。そうした中で、クリントン政権は経済制裁から軍事的対応へと軸足を移し始めた。

同政権が考えたのは米軍の大規模増派と寧辺の核関連施設への空爆作戦であった。しかしクリントン政権はそうした動きを金泳三《キム・ヨンサム》韓国大統領に伝えていなかった。また北朝鮮北東部の沖合いには空母インディペンデンス（USS Independence, CVA/CV-62）や空母キティホーク（USS Kitty Hawk, CVA-63）を中核とする米空母機動部隊が展開し、空爆作戦の準備は完了していた。

これに対し、危機感を募らせた金泳三は空爆作戦がいよいよ時間の問題であると直感した。米市民避難計画が極秘に進められていることを知った金泳三は怒りを爆発させた。金泳三はレーニー（James Laney）駐韓米大使を呼び出し、いかなることがあっても寧辺の核関連施設への空爆をクリントン政権が行わないよう警告した。収まりの付かない金泳三はクリントンに直接電話を掛け、改めて核関連施設へ空爆を行わないよう求めた。韓国軍兵士を一兵たりとも出兵させないと金泳三は断言した。

金泳三の怒りが尋常でないことを知ったクリントンは金泳三を宥めに掛かった。とは言え、クリントンが米軍の増派と核関連施設への空爆準備を辞めたわけではなかった。

ちょうどこの時期に、金日成による求めに応じる形でカーター（James E. Carter, Jr.）元大統領が訪朝する機会を得た[38]。カーターが金日成との数回の会談を通じ危機を収束させたことは、振り返ると多分に偶然的なところがあった。カーターが訪朝することがなければ、高まった危機の収束には至らず遅かれ早かれ空爆は敢行された可能性が高かったと推察される。これにより、寧辺の核関連施設は確実に破壊できたであろう。しかし金日成と金正日はその報復として韓国への大規模侵攻に踏み切ったであろうと推察される。カーター訪朝が行われなければ、韓国を巻き込んだ大規模の軍事衝突はほとんど不可避に近い状況にあったのである。

すなわち、九四年六月の危機は米軍による空爆が寧辺の核関連施設に限定されたものであるとしても一気に大規模な軍事衝突へと変貌する危険性と隣合せであることを如実に物語った。

空爆に対する報復として朝鮮人民軍が全軍で韓国領内に雪崩れ込むようなことがあれば被害は甚大となる可能性がある。朝鮮半島で全面的な衝突が起きるならば、百万人もの犠牲者を出しかねないと、当時任に就いていたラック（Gary E. Luck）在韓米軍司令官が推定した経緯がある。(39)

現在、そうした空爆をもって北朝鮮の核攻撃能力を確実に無力化することができるかどうか。一九九四年や二〇〇六年の時点と、スカッド・ミサイルやノドン・ミサイルなど各種の弾道ミサイルの一部が移動式発射台に搭載され、北朝鮮各地に張り巡らされている地下坑道に秘匿され、ミサイルに核弾頭を搭載可能と推測されている現在では状況が大きく異なる。

寧辺の核関連施設は確実に無力化できるであろうが、移動式発射台に搭載され地下坑道に秘匿されているような弾道ミサイルの総てを確実に探知し破壊することは容易ではない。大規模な空爆によっても総ての核ミサイルを確実に無力化することは困難である。空爆を免れた一部の核ミサイルは温存されることになろう。また軍事境界線の北側に展開する朝鮮人民軍の前方展開戦力に対し徹底的な「精密爆撃」を敢行した場合でも、一定規模の前方展開戦力は残存すると目される。

さらにそこに持ってきて急浮上したのが既述の通り、李容浩が二〇一七年九月二一日に太平洋上で水爆実験を強行する可能性をほのめかしたことである。

太平洋上で水爆実験を断行することなど実行可能なのか、様々な憶測を呼んだが、その真意は核弾頭搭載のICBMを発射し、太平洋上で核爆発実験を行うことにあるのではないかとの見方が広がった。

これがトランプの姿勢をさらに硬化させたことは想像に難くない。核弾頭搭載のICBMが発射準備態勢にあることが確認されれば、空爆による先制攻撃でICBMを破壊するといった構えをトランプは崩していない。もしも金正恩が核弾頭搭載ICBMを発射しようとし、これに対しトランプが空爆によるICBMの破壊を実行に移すことがあれば、金正恩が事態を黙視することはないであろう。大規模な報復行動に金正恩指導部が打って出ることが案じられる。これにより、朝鮮人民軍と米韓連合軍の軍事衝突は一気に現実のものとなろう。

金正恩指導部はどのようにして報復作戦へと転ずるであろうか。これに対し、トランプ政権は報復作戦に対しどのように対処するであろうか。さらに習近平指導部はどのように対応しようとするであろうか。以下において考察する。

(14) 金正恩指導部による報復——通常戦力

既述の通り、南北を分ける軍事境界線を挟み朝鮮人民軍と韓国軍双方の前方展開戦力は睨み合う格好で対峙している。かりに米軍が空爆により北朝鮮の核ミサイルの大半を破壊したとしても、核ミサイル戦力以外にも韓国への軍事侵攻を断行する大規模の通常戦力を北朝鮮は有する。実際に米軍による空爆が敢行されると前後する形で、金正恩指導部は前方展開戦力を韓国領内に雪崩れ込ませようとすることが考えられる。

この結果、ソウルを「火の海」にすべく朝鮮人民軍の長距離砲、多連装ロケット砲、自走砲などによる砲撃が一気に開始されると並行する格好で、前方展開する人民軍の大機甲部隊は一挙に韓国領内に雪崩れ込むことが予想される。そうした電撃侵攻を阻止すべく前方展開する韓国軍の機甲部隊は人民軍の機甲部隊に激しく応戦することになろう。北朝鮮の核・ミサイル関連施設への米軍による空爆に端を発する大規模戦闘に韓国は否応なく巻き込まれることになる。

緒戦では戦局の拮抗が想定されるものの、その後、猛反攻に転じた米韓連合軍が朝鮮人民軍を軍事境界線の北側へと押し戻すであろう。その間、軍事境界線に近接した首都・ソウルが被りかねない被害をどの程度に抑えるかが鍵となろう。

(15) 北進を巡る決断

その後、戦闘で優勢に立った米韓連合軍は重大な決断を迫られよう。米韓連合軍が朝鮮人民軍を軍事境界線の北側に押し戻した後、境界線で踏み止まるべきか、あるいは北進すべきかという決断である。勢いの付いた米韓連合軍が軍事境界線で止まるというのは現実的ではない。朝鮮人民軍による奇襲攻撃に対し米韓連合軍は迅速に大規模の反攻に移ることを想定している。

前述の通り、奇襲攻撃の攻撃発動拠点に対する空爆に続き北朝鮮の海岸への大規模な上陸作戦を敢行し、平壌に向けた進撃を行い平壌の指揮部に潜む金正恩に対する「斬首作戦」を断行する運びとなっている。在韓米軍と韓国軍は有事に備えた準備態勢を着々と整えているのである。

(16) 米韓連合軍の北進と平壌の制圧

この結果、北朝鮮各地で大規模な戦闘が展開されるのは不可避となるであろう。「作戦計画五〇一五」に従い、米韓連合軍が金正恩の排除を狙った「斬首作戦」を断行しようとすれば、朝鮮人民軍は力を振り絞り首領防護作戦を展開することが予想される。この結果、平壌での攻防は激烈を極めることが推察されよう。

もし想定通り、「斬首作戦」により金正恩を排除することができれば、あるいは金正恩が行方を晦ますことがあれば、米韓連合軍司令部は朝鮮人民軍最高司令部との停戦を目指すであろう。

とは言え、停戦の成立後、米韓連合軍がまもなく撤収するということは実際問題として考え難い。米韓連合軍とすれば、北朝鮮領内に点在する大量破壊兵器などを含む軍事関連施設を是が非でも確保したいところである。その結果、実効支配地域に対し一定期間、占領体制を米韓連合軍は敷くことになろう。

結局、米軍が作戦範囲を発射準備態勢にあるＩＣＢＭを含め核・ミサイル関連施設に対する空爆に限定しようとしても、一気に大規模な戦闘に発展する可能性が極めて高く、その後、戦闘が北朝鮮領内で繰り広げられ、相当期間、米韓連合軍は北朝鮮領内に止まらざるをえなくなる公算が高い。

(17) 習近平指導部の対応

そうした展開の推移を習近平指導部はどのようにみるであろうか。習近平指導部の視座に立てば、軍事境界線を米韓連合軍が突破し北進しない限り、軍事介入を思い止まるかもしれないが、米韓連合軍が北進を決断することがあれば、介入を踏み止まることは難しいと推察される。

一九五〇年六月から五三年七月まで続いた朝鮮戦争が教訓として重く圧し掛かる。五〇年一〇月一日、周恩来《ヂョウ・オンライ》首相は「朝鮮国連軍」の名を冠した米軍の大部隊が北緯三八度線を突破することがあれば、中国は朝鮮出兵を辞さないと警鐘を鳴らした。「帝国主義者達が勝手に隣国の領土へ侵入すれば、中国人民は侵略を許すことはないし、またそれを座視することもない」と、周恩来は言明した。(40) 実際に北進という決断は習近平指導部と厳しく反目しかねない局面を生むことが想定される。

「四月の危機」においても中国共産党系メディアの『環球時報』の論説はこの点に触れ、「北朝鮮の体制を転覆させるべく米韓連合軍が非武装地帯を地上から突破することがあれば、中国は警鐘を鳴らし直ちに軍隊を派遣するだろう。外国の軍隊が北朝鮮の体制を転覆させるのを中国が座視することは決してない」と明言した(41)。上記の周恩来と同様の意味合いの言葉を同メディアは繰り返したのである。

そうした局面を回避するためには、米韓連合軍が北朝鮮領内へと進撃する段階で北進について事前に了解を習近平指導部から得る必要があるとは言え、これが至難の業であることは上記の論説から明らかである。

米韓連合軍の作戦行動を北朝鮮領内の核・ミサイル関連施設を無力化すると共に金正恩の排除に止めて、米韓連合軍が北朝鮮領内から速やかに撤退すれば、習近平指導部は米韓連合軍の作戦行動を容認するのではないかという見解がないわけではない(42)。しかしそうした見方は希望的観測に過ぎないのではなかろうか。

金正恩の排除に狙いを絞った作戦を習近平指導部が黙認するかどうかは別にして、戦闘の成行きとして遅かれ早かれ習近平の許容範囲を超える事態へと推移するであろうと推察される。かりに米・中・韓の間で合意が成立したとしても、遠からず合意は破綻する可能性が高い。何故ならば、平壌の制圧と北朝鮮各地に点在する核・ミサイル関連施設を米韓連合軍が手中に収めるという事態は習近平指導部の許容範囲を遥かに超えると推察されるからである。

(18) 中国人民解放軍介入の可能性

しかも「作戦計画五〇一五」に従えば、金正恩体制を転覆させた後、北朝鮮全域の軍事制圧に向けて米韓連合軍が突き進むことが想定される。このことは米韓連合軍が中朝国境を流れる鴨緑江《アムノッカン》目掛けて押し寄せることを物語る。これによりもたらされるのは米韓連合軍の実効支配領域が現在の中朝、露朝国境にまで及ぶことを意味する。実際に米韓連合軍が北朝鮮制圧を目指すことになれば、重大な事態が想定される。

そうした事態の可能性は習近平指導部に重大な危惧を喚起させる。北朝鮮と国境を接する中国がそうした展開を受け容れる可能性は極めて低いと言える。習近平指導部は遅かれ早かれ、自らの権益確保のために軍事介入を決断せざるをえなくなろう。(43) 米韓連合軍の動きを横目で睨みながら、中国人民解放軍が迅速に軍事介入に移るという事態が想定される。しかも中朝国境へ膨大な数に上る北朝鮮国民が殺到しかねないという展望が習近平指拍車を掛けるであろう。北朝鮮国民の流入は習近平が軍事介入を決断する可能性に導部の心理に重く圧し掛かる。

(19) 米中両軍、鉢合せ

窮地に陥った金正恩指導部が一九六一年締結の中朝友好協力相互援助条約に従い、習近平指導部に対し軍事物資の提供、あるいは軍事介入を要請することも考えられる。金正恩による軍事支援の求めに応じ、介入すべきかどうか習近平指導部は判断を迫られるかもしれない。とは言え、金正恩に加担するような作戦行動は印象が極めてよくないことを踏まえると、支援要請の有無に関わらず中国人民解放軍の軍事介入を習近平指導部が決断する可能性がある。中朝国境近接地域への米韓連合軍の進撃を食い止めるためにはかなり早い段階で中国人民解放軍の介入に踏み切らざるをえないと、習近平指導部は想定するであろう。

その際、米韓連合軍にとって焦眉の課題は北朝鮮の保有する大量破壊兵器やその関連施設を逸早く確保することである。他方、習近平指導部とすれば、米韓連合軍が押し寄せる前に軍事関連施設などを確保したいところであろう。その結果として、北朝鮮中央部で中国人民解放軍が米韓連合軍と睨み合うといった事態を招きかねない。最悪の場合、両軍が軍事衝突を起こすことも想定される。

こうした展開は一九五〇年六月に勃発した朝鮮戦争において同年一〇月中旬に二十万名もの中国人民志願軍が急遽出兵し、米軍を主力とした「朝鮮国連軍」と激しい戦闘を繰り返した朝鮮戦争の展開を否応なく想起させる。[44]

もしも米中両軍が激突した朝鮮戦争を想起させる大規模軍事衝突が発生することがあれば、これに巻き込まれる人的・物的被害は朝鮮半島だけに止まらず北東アジア全域へ及ぶとも限らない。しかも憂慮すべきは、核・ミサイル開発に向けた金正恩指導部の狂奔ぶりをみれば、遅かれ早かれこのような事態の発生が起きるとみる見方はあながち誇張された展望ではないことが理解できよう。

(20) 緩衝地帯の設営

米中間の軍事衝突を回避しようとすれば、米韓連合軍と中国人民解放軍の実効支配地域の間に緩衝地帯が設営される可能性もある。中国人民解放軍と米韓連合軍がそれぞれ一定の実効支配地域を確保し、その間に緩衝地帯を設営することが議題に載るかもしれない。

その結果、北朝鮮領域は緩衝地帯を挟み中国が実効支配する北朝鮮北部地域と米韓連合軍が実効支配する北朝鮮南部地域に分割される可能性がある。

こうした展望の下で、双方が実効支配する地域は当分の間は占領地域となりかねない。膨大な数に上る北朝鮮国民の流入を回避したいと習近平指導部が考えるとすれば、実効支配する北朝鮮北部地域内に難民キャンプを設営し、北朝鮮国民を同地域に止めたいと考えるかもしれない。

もしも金正恩指導部の要請に応じる形で中国人民解放軍が介入することがあれば、少なくとも表向きは金正恩指導部の意向を尊重する上から、実効支配する北朝鮮北部地域が北朝鮮として存続する可能性も考えられる。とは言え、その北朝鮮は中国の事実上の傀儡政府にすぎない。他方、米韓連合軍が実効支配する地域は前述の通り、北朝鮮南部地域に止まるという可能性がある。当分の間、双方が実効支配地域において暫定的な占領統治を行うことが考えられる。

こうした展望が極めて憂慮されることは明らかである。したがって、そうした可能性を回避する協議が関係国間で不可欠であると考えられる。米韓両国は中国との間で繰り広げられるかもしれない展望を踏まえ、それへの対応について逐一協議を行うことが望まれるのである。

(21) 金正恩指導部による報復――核ミサイル攻撃

かりに米軍による大規模の空爆を浴びることがあったとしても、総ての核・ミサイル戦力が破壊される事態を何としても金正恩指導部は回避しようとするであろう。そのために保有するスカッド・ミサイルやノドン・ミサイルの一部が移動式発射台に搭載され、地下坑道に秘匿されていることは既述の通りである。もしわずか少数の核弾頭搭載弾道ミサイルを討ち漏らすことがあれば、自暴自棄となった金正恩が残存する核ミサイルを使い報復に打って出ることは十分に考えられる。

しかも核攻撃の標的について金正恩は明言してきた。その一次打撃対象はソウルの青瓦台、二次打撃対象はアジア・太平洋地域の米軍基地及び米本土である(45)。対米ＩＣＢＭの開発とそれに搭載可能な小型核弾頭の開発に技術的な課題が存在し、その克服にまだまだ時間が掛かるとすれば、近い将来において格好の標的となりうるのは韓国やわが国になりかねない。

実際に二〇一六年以降、金正恩指導部は頻繁に弾道ミサイルの発射実験を強行し、わが国の排他的経済水域に着弾させている。北朝鮮は射程距離千三百キロ・メートルを誇りほぼ日本領土全域を射程に捉えるノドンを約二百基も保有している。しかも五十基以上が移動式発射様式と考えられている。

二〇一六年八月三日に北朝鮮西岸の殷栗《ウンユル》近郊より発射されたノドンと目される弾道ミサイルは秋田県沖の排他的経済水域に落下した(46)。これを重く見た日本政府は自衛隊が迎撃態勢を講ずる「破壊措置命令」を常時発令することを指示した。これにより、八月八日から常時発令状態に入った(47)。そこに持ってきて九月五日に北朝鮮西岸の黄州《ファンジュ》近郊よりノドンと目されるミサイル三基が連続的に発射され、三発とも北海道の奥尻島西方沖二百から二百五十キロ・メートルの排他的経済水域のほぼ同じ地点へ落下した(48)。

また射程距離千キロ・メートルと目されるスカッドERも西日本地域を射程に収める。二〇一七年三月六日にはスカッドER四基が北朝鮮西岸の東倉里《トンチャンリ》近郊より連続して発射され、その内三発が秋田県沖の排他的経済水域に落下した(49)。しかも同ミサイルの試射を金正恩指導部は在日米軍基地への攻撃訓練であると示唆した(50)。

これらの一連のミサイル発射実験により、わが国が確実に北朝鮮のミサイルの射程に捉えられているという事実を突き付けられることになった。さらに射程距離二千キロ・メートル程度とされる「北極星2」型の発射実験が二〇一七年二月一二日に日米首脳会談を牽制するかのように行われた(51)。「北極星2」型は五月二一日にも平安南道《ピョンアンナムド》北倉《プクチャン》近郊から東方に向けて発射された(52)。

しかも五月二日には米原子力空母カール・ヴィンソン（USS Carl Vinson, CVN-70）を中核とする第一空母打撃群と日本の海上自衛隊の共同訓練に激怒した金正恩指導部は『朝鮮中央通信』報道を通じ「日本がどの国よりも真っ先に放射能の雲で覆われるであろう」と恫喝したのに続いて(53)、九月一三日に同じく『朝鮮中央通信』を通じ「日本列島の四島を主体の核爆弾で海中に沈めるべきである」と改めて恫喝した(54)。

韓国や日本を標的とする核ミサイルの使用が米国による核報復を確実に招来させるであろうことを勘案すると、金正恩指導部が核ミサイルの使用に踏み切ることがあるとしても軍事衝突の最終局面になるであろうと想定される。

とは言え、核ミサイルの使用が最終局面となるとは必ずしも限らない可能性もある。と言うのは、米軍による空爆を座して待つ前に行動に打って出ざるをえないと金正恩が判断すると、核ミサイル攻撃の時期を早める可能性もある。核・ミサイル関連施設への空爆に米国が力点を置けば置くほど、核ミサイルが空爆に曝され破壊される前に手勢のミサイルを相手側に撃ち込もうと金正恩は動機づけられないわけではない。金正恩が「先制核攻撃権は決して米国の独占物ではなく、米帝国主義者が我々の自主権と生存権を核兵器で奪おうとする時には躊躇することなく先制核攻撃を浴びせる」と断言したのはこのことを物語る。[55]

こうしたことから米軍による空爆が差し迫っていると判断すれば、可能な限り先に先制核攻撃に打って出ることを金正恩が選択する可能性もある。一発でもソウル上空で爆発しようものならば、十万から二十万もの犠牲者が出かねないと推定されている。[56]

二〇一七年五月一九日にマティス（James Mattis）国防長官が「信じられない規模の悲劇的なことになるだろう」と言及したことから伺い知ることができるように、朝鮮半島での軍事衝突が引き起こしかねない結末には想定を超えるものがある。[57]そのため、万策尽きるまでトランプは空爆に打って出ることを最後の手段として控える可能性がある。他方、金正恩としても自らの軍事行動がもたらすであろう体制崩壊の可能性に無頓着なわけではない。金正恩もまた軍事行動を最後の手段として位置づけるであろう。その結果、双方が臨戦態勢を堅持したまま、一触即発の危機的状況が続くことが予想される。

とは言え、状況が自ら描いた思い通りの展開にならなくなった場合、金正恩がどう打って出るかである。そうした状況の下で、自陣に都合がよい流れを作るべく核攻撃能力にさらなる磨きを掛ける以外に策はないと金正恩は考えるであろう。

この結果、トランプから多大な譲歩を獲得すべく金正恩は破滅的な軍事衝突の危険性を百も承知で危機を意識的に高めようとするであろう。

『朝鮮中央通信』で毎回のように伝えられる勇ましい宣伝文句にある通り、これ以上引き下がることができない崖っ淵に相手を追い詰めることが常態化している。これはかつて金日成や金正日の時代から繰り広げられてきた瀬戸際外交を彷彿とさせるが、一つ間違えば、自らの破滅に至りかねない危機を自ら煽っているのである。(58)

第二節　軍事クーデターの可能性

第二は朝鮮人民軍の一部による軍事クーデターの可能性である。金日成から金正恩に至る三代に及ぶ金体制にとって何よりも脅威となるのは経済的な困窮に苦しむ民衆が暴動や蜂起に打って出る場合ではない。北朝鮮にあって唯一無二《ゆいいつむに》の強大な支配組織である朝鮮人民軍の一部が絶対的独裁者たる金正恩に反旗を翻し軍事クーデターに打って出て、金正恩の一人独裁体制を転覆させる場合であろう。

金正日時代からしばしば軍事クーデターの可能性は取り沙汰されてきた。金正恩に不満と憤りを覚える朝鮮人民軍の一部の勢力が急遽立ち上がり金正恩体制の転覆を企てるべく軍事クーデターを断行し、金正恩体制が瓦解する可能性はないであろうか。

実際に朝鮮人民軍が反旗を翻すといった事態ほど金正恩に脅威を喚起するものはないが、この可能性は極めて低いと考えられてきた。それは何よりも金日成時代から朝鮮人民軍の権益確保を金体制が最優先させてきたからに他ならない[59]。

金日成は「経済建設と国防建設の並進路線[60]」、金正日は「先軍政治」を掲げ[61]、何にも増して朝鮮人民軍の権益を確保すると共に人民軍からの忠誠と支持を確保し、体制の支持基盤を盤石にしてきたことに標される。

金正恩においてもまた然りである。二〇一三年三月に開催された朝鮮労働党中央委員会全員会議で「経済建設と核武力建設の並進路線」が採択された。同並進路線が人民軍による圧倒的な支持を獲得していることは間違いないであろう[62]。ただし、このことは金正恩に対する軍事クーデターが決して起こらないということを意味するわけではない。二〇一二年には金正恩の暗殺未遂事件が起きたとされる[63]。同事件の真偽の程は明らかではないがそうした可能性がないわけではないことを物語っている。

張成沢の粛清以降、金正恩体制を支える高級幹部達の粛清が相変わらず繰り返されている。粛清対象者には軍部の最高幹部も含まれる。何故、朝鮮人民軍の権益確保を最優先するはずの金正恩が軍幹部達を刃に掛けようとするのであろうか。軍幹部の粛清は金正恩に対する不満や不信が軍幹部達の中に渦巻いており、その爆発を恐れる金正恩が未然に粛清に打って出ることで、見せしめとすると共に謀反の可能性を未然に削ごうとしているのではないかという印象を与える。

金正恩体制が一人独裁体制であることを踏まえると、金正恩が拘束されることがあれば、一気に体制が瓦解しかねない可能性がある。実際に朝鮮人民軍の一部が立ち上がり金正恩を拘束し、新政府を樹立するという可能性が考えられないわけではない。

そうした可能性はかつて韓国で朴正熙《パク・チョンヒ》韓国陸軍少将らが軍事クーデターを断行し、政権を樹立した事例を想起させる(64)。韓国初代大統領として李承晩《イ・スンマン》が長らく政権の座に止まっていた。李承晩の長年に及ぶ政治腐敗のため人心は李承晩からすでに離れていた。そこに起きたのが一九六〇年三月一五日の大統領選での大混乱であった。

李承晩が四選を賭けて臨んだ大統領選挙で大規模な不正を行っていたことが発覚し、これに国民の怒りは激しく燃え上がった。四月一九日に暴徒化したデモ隊と警察が激しくぶつかる事態へと及び、二百人近くの犠牲者を出す惨事へと発展した。この結果、十年以上続いた李承晩政権はあえなく崩壊し、李承晩はハワイへの亡命に追い込まれた。

後を継いだ張勉《チャン・ミョン》政権は前政権の崩壊への反省もあり、民主化の容認や対北朝鮮融和策を打ち出した。これに対し危惧の念を抱いた韓国軍の一部が六一年五月一六日に軍事クーデターを決行した。「五・一六軍事クーデター」と呼ばれる政変を主導したのは朴正煕らの若い軍人達であった。しかも朴正煕が政権発足に当たり金日成指導部との敵対姿勢を鮮明にしたことは金日成を著しく苛立たせた。

この結果、韓国の新政権の動きを金日成は注視せざるをえなくなった。しかも朴正煕達は金日成を目の敵にしただけでなく、日本による植民地統治からの解放後初めて日本と外交関係の樹立を図り、日本から莫大な融資を受け経済発展の道を模索し始めたのである。こうした政変は実際に起こりうるであろうか。

(1) 朝鮮人民軍、一枚岩?

金日成時代から金正日時代を経て金正恩時代の今日まで金体制に絶対的な忠誠を誓って

きたのが朝鮮人民軍であり、また人民軍の権益確保に腐心してきたのが金体制である。この確固たる共通利害関係こそ、金体制と朝鮮人民軍の関係である。したがって、外部世界からみれば、朝鮮人民軍は金正恩に対し絶対的な忠誠を誓うと共に強硬派一色に映る存在である。とは言え、朝鮮人民軍は金正恩と朝鮮人民軍組織が一体どこまで一枚岩なのであろうか。金正恩と朝鮮人民軍幹部の関係には釈然としないところが散見される。

(2) 不満と不信の爆発の可能性

核武力建設路線の名の下で核・ミサイル開発への狂奔と軍事挑発が続く一方、「人民生活の向上」は相変わらずなおざりとなることが想定される。そうした状況の下で朝鮮人民軍が一つになりいつまで金正恩に忠誠を誓い続けるであろうか。

金正恩が外部世界に対し度を越した軍事挑発を続け、国民がさらなる困窮を続けることがあれば、朝鮮人民軍内部に金正恩への忠誠をあくまで誓う路線を疑問視する見方が急速に拡大する可能性がある。また金正恩の核武力建設路線に反発し、人民軍の中にあって中国との経済協力を支持する勢力が急速に形成される可能性もある。

さらなる孤立と閉塞状況が続く下で、韓国や米国を初めとする外部世界との軍事衝突の危険性の回避を願う勢力が軍部内に遠からず結集するといった可能性がないわけではない。そうした勢力が辿り着く帰結は金正恩体制を打倒する軍事クーデターということになるのではなかろうか。

(3) クーデターに対する予防線

金正恩が殊の外恐れているのは間違いなく軍事クーデターの可能性であろう。そうした可能性に対し金正恩は細心の注意を払っていることは確かであろう。クーデターの可能性を常日頃から警戒している金正恩は普段からそうした可能性のある人民軍の人脈を徹底的に排除しようと準備を怠っていないであろう。

金正恩の視点に立てば、最高権力者である自身に忠誠を誓わない者達はいつなんどき、謀反を企み軍事クーデターに打って出るやもしれない。このことは二〇一三年一二月の張成沢《チャン・ソクテク》粛清事件が重要な示唆を与える。張成沢の行ったとされる最大の罪状の一つは「国家反逆罪」であり、張成沢が手勢の軍隊を出動させクーデターを決行することにより、金正恩体制を打倒し権力を奪取しようと目論んだと糾弾された。その張成沢は審理の過程で金正恩に対するクーデターを画策したことを自供したとされた。

供述とされるものによると、「……『私は現在、国家の経済実態と人民の生活が破局的であるという事実にかかわらず、現体制が何の対策を講ずることができないという不満を軍隊と人民が抱くようにしようと試みた。最高指導者同志がクーデターの標的であった。……私は深いつながりのある軍隊または側近の統制下にある軍隊を動員しクーデターを決行しようとした。……クーデターの時期ははっきりと定めていなかった。しかし、経済が完全に破綻し国家が崩壊直前に至れば、私の部局とすべての経済機関を内閣に集中させ、私が首相になろうと思った。私が首相になった後は、今まで様々な名目で確保した莫大な資金で生活問題を解決すれば人民と軍隊は私の「万歳」を叫ぶであろうし、クーデターは順調に成功するものと考えた。[65]』」

張成沢が権力奪取に向けそうした道筋を実際に描いていたかどうか不明であるが、クーデターの策謀といった罪状をことさら重大視することこそ、金正恩が軍部を巻き込んだクーデターの可能性を殊の外恐れていることを示唆する。

それがゆえに、金正恩は体制を支える指導層の言動を逐一監視している。張成沢粛清事件においても張成沢の粛清を目論んだ金正恩から指令を受けた金英哲《キム・ヨンチョル》朝鮮人民軍偵察総局長は張成沢の部下達の行動を逐一監視していた。これに対し、言動に慎重さを欠いた張成沢とその側近達は金英哲の捜査網にものの見事に引っ掛かってしまった。

その舞台となったのが、二〇一三年七月に張成沢が開いた盛大な酒宴の席であったとされる。側近の李龍河《リ・ヨンハ》党行政部第一副部長や張秀吉《チャン・スギル》党行政部副部長が「張部長同志、万歳」と張成沢を礼賛した。「万歳」は最高権力者のみに許されたものであり、張成沢への「万歳」は張成沢こそ最高権力者を企むものとみなされる格好の口実となったとされた[66]。言葉を変えると、粛清の矛先がいつなんどき向けられるかわからない。一度矛先が向けられると、あらゆる言動が粛清に向けた罪状とされかねないのである。

(4) 張成沢粛清事件後の軍部の粛清事件

張成沢粛清事件において金正恩は張成沢と厳しく反目した朝鮮人民軍や国家安全保衛部などと与することにより、事実上のナンバー2の地位にあった張成沢を排除した。これにより一人独裁体制に向けて確たる足固めを金正恩は行った。

ところが、その後、粛清の対象は朝鮮人民軍の幹部にも向けられてきた。金正恩の側近とされた玄永哲《ヒョン・ヨンチョル》人民武力部長が二〇一五年四月三〇日に反逆罪の廉《かど》で処刑された[67]。一六年二月上旬には李永吉《リ・ヨンギル》朝鮮人民軍総参謀長が粛清、処刑されたのではないかとの報道も伝えられた[68]。その後、李永吉は復権しているとの情報もあるが、事実関係は明らかではない。
一人独裁体制を何としても盤石にしたいと考える金正恩としては朝鮮人民軍を完全な統制下に置きたい。そうした金正恩からみれば、ほんのわずかでも忠誠を誓わない、あるいは傲慢な態度に映る幹部は許容できない。そうした幹部は将来、反旗を翻しクーデターに打って出かねないと、金正恩の目に映るからである。したがって、そうした幹部は粛清の対象となりかねない。クーデターを未然に阻止するためには常日頃から幹部達の言動を厳しく監視しなければならないという帰結が導かれる。その意味で、クーデターの可能性に対し金正恩は絶えず予防線を張っているように映る。

もしもそうであるとすれば、軍幹部達は常に言動に気を付けなければならず、金正恩を批判することはもとより、ほんの些細な誤解を与えかねない言動を慎まなければならない。軍幹部達はお互い疑心暗鬼とならざるをえない。すなわち、対立関係にある人物に矛先を向け、その人物が金正恩を暗に批判しているとの情報を金正恩にあげれば、そうした情報の真偽が必ずしも明らかでないとしても、それを重大視した金正恩が矛先を向けられた人物の粛清に向けて動くという可能性がある。

幹部達は常日頃から厳しい監視の下に曝されており、何気ない一言が身の破滅をもたらしかねない(69)。こうしたことが常態化しているとすれば、軍幹部達はいつなんどき、自分が粛清の標的にされかねないかとびくびくしなければならない。

したがって、幹部達は常に細心の注意を払い本心を隠し通さなければならない。ところが、逆に金正恩がそうした監視の目を強めれば強めるほど、嫌疑を掛けられた一部の軍幹部達や金正恩によくよく愛想を尽かした幹部達が金正恩に対し決定的な行動を決断する契機にもなりかねないという側面もあろう。

(5) 軍事クーデターの可能性

とは言え、軍事クーデターが起こり得るとしてもそれが成功裏に新政府を樹立するに至ることを意味するわけではない。仮に金正恩に反旗を翻した一部の勢力が立ち上がり、クーデターに打って出たとしても、総て筋書き通りに進まない限り未遂に終わる可能性の方が圧倒的に高い。

金正恩の一人独裁体制が堅持されていることを踏まえると、クーデター派にとって即刻、金正恩の身柄を拘束することが必要不可欠の条件となろう。そのためには数少ないクーデターの成功例が物語る通り、金正恩が全く寝耳に水の内に千載一遇《せんざいいちぐう》の機会をクーデター派はものにしなければならない。金正恩の身柄を首尾よく拘束することができて初めて、金正恩に忠誠を誓う軍部の多数派と取引できるであろう。そうでなければ、金正恩に忠誠を誓う多数派に捻り潰される可能性が高く、クーデターは未遂に終わる可能性が極めて高い。

クーデター派は新政府の樹立を内外に宣言すると共に直ちに関係諸国にクーデターの正当性を訴え、新政府の承認を獲得しなければならない。これと並行して、クーデター派は軍部の多数派から確固たる支持を獲得し、軍部内での勢力を確実に拡大しなければならない。ここに至り、初めてクーデター派が新政府を樹立できるという展望が開けよう。

いずれにしても、金正恩はそうしたクーデターの可能性に深刻な危機感を持ち、反金正恩勢力の形成を未然に阻止すると共にそうした勢力を撃滅すべく警戒を怠っていないとみられる。そうした視点から、上述の朝鮮人民軍の最高幹部達が粛清の標的になっていると言えるのではなかろうか。

(6) 内部抗争への発展

そうであるとしても、クーデター派が軍部全体を掌握することは容易なことではない。

クーデター派が新政府の樹立を宣言したとしても、金正恩に忠誠を誓う反クーデター派が新政府の樹立を断固認めず、徹底抗戦に打って出ることを決断した場合、どのような展開が待ち受けているだろうか。その場合、クーデター派と反クーデター派の二大勢力に分裂し、内部抗争に発展する可能性がある。そうした抗争は長期間に及ぶ可能性もあるし、大規模の武力衝突に発展する可能性がある。

（7）複数武装勢力間の対峙

はたまた軍事クーデターを発端として軍部が二大勢力に分裂するだけでなく複数、場合によっては多数の武装勢力に分裂するといった場合も考えられないわけではない。クーデターに伴い、朝鮮人民軍が複数の武装勢力に分裂する格好で激しく衝突しあう形で内戦に突入することも想定される。

曲りなりにも金日成、金正日、金正恩と続いた金体制のように数十年にわたり堅持された中央集権的支配体制が一気に瓦解し、それに取って代わる新政権が形成されない場合、軍部が複数の勢力に分かれ互いに拮抗し合う状況も想定される。そうした状況に発展することになれば、北朝鮮地域はこの上ない「破綻国家」となりかねない。

一九九〇年代にソマリアやアフガニスタンで起きたように、多数の武装勢力が群雄割拠し、各所で激しい衝突を繰り返すといった事態も想定されないわけではない。そうした推移の下で、各勢力は実効支配地域の拡大を目論むことが予想される。その間、武装勢力が食糧などを十分に確保できないことがあれば、住民の食糧や物資を略奪するといった事態が予想される。住民への略奪行為などが野放しになるといった事態も考えられる。

見かねた国際人道支援機関が被災者の元に人道支援物資を届けようとしても、支援活動が武装勢力による略奪に会い、その結果として支援物資が被災者の元に一向に届かなかった事例が起きている。もしもそうした事態が起きるとすれば、一九九〇年代後半に北朝鮮を見舞った大飢饉より一層悪化した人道上の災害をもたらしかねない[70]。これに対し、北朝鮮領域外の外部勢力は内政不干渉の原則の下で、抗争を繰り広げるいずれかの勢力への支持を表明するといった姿勢を控え、抗争に対しできるだけ距離を置こうとすることが想定される。

(8) 外部勢力の介入の可能性

さらに問題となるのは北朝鮮領内に展開する大量破壊兵器や関連施設などである。武装勢力は我先にと大量破壊兵器を統制下に置こうとするであろう。しかも一足先にそうした兵器を確保した側は相手側に対し使用する可能性もある。

暴力や略奪行為が野放しとなることが予想される下で、北朝鮮国民の流出に拍車が掛かることが想定される。数百万人規模とも推定される膨大な数に上る人々が身の安全と食糧の確保を求め、中朝国境や南北国境に殺到することが予想される。(71)

膨大な数に上る人々が流入しかねないといった展望は中韓両国政府に深刻な難題を突きつける。中韓両国としては人々の流入を食い止めるために行動をとるよう迫られる。こうした状況の下で、習近平指導部は中国人民解放軍の介入を決断する可能性がある。これと同様に、韓国側にも膨大な数に及ぶ人々が流入する可能性が差し迫る中で、米韓連合軍も介入を決断する可能性がある。

既述の通り、習近平指導部からみて米軍が中朝国境に近接する地域に迫るといった事態は何としても忌避したいところである。そうした状況の下で、米韓連合軍と中国人民解放軍の両方が遅かれ早かれ軍事介入に踏み切ることを検討せざるをえなくなる可能性がある。米韓連合軍も中国人民解放軍も表向きは北朝鮮地域の安定と安全を確保し、住民へ人道支援を提供しようとするであろう。

これに対し、武装勢力が外部勢力による軍事介入に反発する可能性もある。あるいは、武装勢力によっては外部勢力に対し軍事支援を求めるといった可能性もある。とは言え、北朝鮮から敵性国家であると位置づけられてきた米国や韓国に対し窮地に陥った武装勢力が軍事支援を要請することは事実上、想定し難い。武装勢力が軍事支援を求めることがあるとすれば、中国に対してであろう。

もっともそうした要請に応じる形で、中国人民解放軍が軍事介入に踏み切る決断を行う可能性は高くないのかもしれない。とは言え、中朝国境を目指し膨大な数に上る人々が殺到するような状況が続く場合、習近平指導部が軍事介入に踏み切る可能性が表出する。言葉を変えると、中国人民解放軍が軍事支援を求める武装勢力と連携し、実効支配地域を確保するという展望が開ける。ところが、中国人民解放軍が介入するという事態は米韓連合軍の軍事介入を呼び込む可能性を高めることになろう。

中国人民解放軍と米韓連合軍が北朝鮮領内に介入する状況の下で、両軍の間で偶発的な戦闘が発生する可能性がある。偶発的な戦闘は大規模な戦闘へと転じる恐れがある。

その結果として、既存の北朝鮮地域が中国人民解放軍の実効支配する北朝鮮北部地域と、米韓連合軍の実効支配する北朝鮮南部地域に分割される可能性がある。しかも双方が武力衝突を回避したいとすれば、双方の実効支配地域の間に非武装地帯を設けて緩衝地帯を設営するかもしれない。結局、こうした展望においても北朝鮮領内での分断が余儀なくされることになりかねない。

第三節　暴動や蜂起の可能性

金正恩体制の下で深刻な人権侵害が日常茶飯事となっていることは周知の通りである。金正恩体制の下で人権侵害が横行していることを国連も事あるごとに激しく非難している。二〇一六年一二月一九日に金正恩体制下の人権侵害を厳しく非難する決議が国連総会で採択された[72]。しかも同決議は人権侵害の責任の所在が最高権力者たる金正恩にあると示唆した。

これに先立つ一六年七月六日に、金正恩が北朝鮮において人権侵害に深く関わったとして、資産の凍結、米国人との取引禁止、入国禁止など、金正恩個人を制裁対象のリストに加えたことを米財務省が明らかにした[73]。深刻な人権侵害が続く金正恩体制に対し国連や米政府が非難を強めている中、北朝鮮国民は為す術もなくただただ盲従している感がある。

金正恩による抑圧的な支配が続いている北朝鮮において民衆による暴動や蜂起が発生し、これに呼応して朝鮮人民軍が民衆の側に立ち、金正恩体制が崩壊するといった可能性はないであろうか。

こうした展望は一九八九年秋に連鎖するように発生した東欧共産圏の崩壊の下で起きたルーマニアの政変を想起させる。八九年一二月にそれまで難攻不落と考えられたルーマニアのチャウシェスク（Nicolae Ceaușescu）体制があえなく瓦解する事態に及んだ(74)。この政変では、長年に及びチャウシェスク一族による強権的支配が続いたことに加え、終いには飢餓輸出と揶揄された通り、国民の食生活に犠牲を強いる形で食糧の輸出を強行し国民を困窮化させたという経緯がある。そこに八九年の秋に吹き荒れた東欧革命がルーマニアにも飛び火した。

自身の権力基盤に自信を漲らせるチャウシェスクがティミショアラという地方都市での民衆の蜂起を弾圧すると、首都ブカレストで国民が大規模な暴動に打って出た。その際、軍指導部のワシーリ・ミリャ（Vasile Milea）国防相が暴動を鎮圧せよとのチャウシェスクの命令を拒み、自殺を図った。これを契機としてルーマニア国軍は民衆の側に立った。これが決定的な転換点となり、チャウシェスク体制は雪崩を打って瓦解した。

この事件と同様なことが北朝鮮で起きることはないであろうか。金正日時代からの推移を踏まえて論じてみたい。

（1）金正日時代

一九九四年七月に金日成の後を継いだ金正日は、国家経済の破綻と言う金日成の遺した負の遺産を持て余し無為無策ぶりを露呈し負の遺産をさらに膨らました。金正日時代の経済のさらなる不調と低迷は金日成時代の終りに起きた一連の出来事に多くを負う。ソビエト・ブロック圏の崩壊もあり、北朝鮮は貿易相手と支援元を一気に断たれた。また対外債務の返済に追われ、燃料、原料、機材、部品などが調達できない状況に陥った。工場の稼働率が低下する中で工業生産は急落した。この煽りを受け、農業生産もガタ落ちという有様となった。

北朝鮮経済が極度の不振と低迷に陥った状況の下で国政の舵取りを任されたのが金正日であった。父譲りの統制経済の信奉者であった金正日がこれといった策を講ずることはなかった。

国営企業と食糧配給制度に基礎を置いた北朝鮮の国営商業部門は事実上、破綻した感があった。国営商店の店頭にはこれといった商品がなくなった。食糧配給も漸次激減の一途を標した。しかもそこに未曽有の自然災害が直撃した。

一九九五年夏以降、四年続きで大規模の水害が発生し、その余波を受け深刻な飢饉が拡大した結果、三百万人にも及ぶ餓死者を出すに及んだとされる。九〇年代後半に金正日体制は崩壊の危機を迎えたのである(75)。

食糧配給制度が事実上、破綻した状況の下で国民が縋ったのは市場《いちば》であった。この間、国民の栄養状態は著しく悪化した。ここに至り、金正日は形振り構わず国際人道機関に対し緊急人道支援を求めた。国際人道機関は膨大な物資を配布した。また見かねた近隣の韓国や中国も緊急支援を行った。窮乏を極めた国民を救ったのは国際人道機関や近隣諸国からの緊急支援によるところが大であった。特に金大中韓国大統領が行った「太陽政策」による恩恵は金正日にとって有り難かった(76)。こうして崩壊の危機をどうにか金正日体制は脱することができた。自助努力だけでは崩壊の危機を耐え忍ぶことができなかった。

この間、これといった経済的な施策を施す余裕がなかった金正日が行ったことは不満や反発に対する徹底的な締付けであった。金正日は困窮に苦しむ国民に対し忍耐と服従を求め続けた。これはしばしば「苦難の行軍」という文言で表現された(77)。

その間、金正日は大規模の粛清を断行した。絶望的な食糧不足を招いた責任者として徐寛熙《ソ・グァンヒ》朝鮮労働党農業担当書記を初めとする十数名の人々が粛清された[78]。この粛清はその後に起きる大規模の粛清の呼び水となった。金日成に忠誠を誓い金正日に従わない古株の勢力に散々金正日は手を焼いた。思い余った金正日は公安組織「深化組」を組織し、側近の張成沢《チャン・ソンテク》を総責任者に据え大規模の粛清を断行した[79]。

金正日が一九九〇年代の終りに断行した大掛かりな粛清は国民に対するこの上ない締付けとなった。このためか、崩壊の危機が云々された期間においても民衆による暴動は起きなかった。国民が窮乏の度を加えるたびに政府への怒りや不満を覚えることは確かであるとしても、生活改善を求めるデモなどにつながらなかった。

しかも金正日時代にはその後も国民は困窮を強いられた。金正日は自らの体制を揺るがしかねない経済改革に拒絶反応を示したが、中国や韓国が執拗に経済改革への着手を迫ったこともあり、経済改革に取り組む姿勢を金正日は繕った。これが二〇〇二年七月に金正日指導部が発進させた「経済管理改善措置」であった[80]。経済改革の試行的導入と言えるものであったが、「経済管理改善措置」は大胆な施策を多く取り入れた。

統制経済の信奉者であった金正日からすれば、「経済管理改善措置」は大きな賭けであった。物価の大胆な引上げ、労働賃金の大幅な引上げ、工場長への裁量権の付与、農業従事者による田畑の所有、市場《いちば》の公認、北朝鮮ウォンの切下げなど画期的な施策を数多く含み、市場原理を「経済管理改善措置」は取り込んだ。金正日としても経済改革に打って出たことを内外に示したいところであった。

ところが、「経済管理改善措置」は金正日指導部の想定を超える事態を引き起こした。物価の大胆な引上げによる激しいインフレに見舞われた。食糧配給が滞った下で市場が急速に伸張したことで、国民は我先に市場に集うことになった。市場での行商を通じ多数の行商人が資金を蓄財した。これに対し危機感を抱いた金正日はあらゆる策を弄して市場を統制しようとしたがうまくいかなかった。策に窮した金正日は個人が蓄財した資金を収奪すべく、旧通貨対新通貨を百対一で交換しなければならないとするデノミに抜打ち的に打って出た。これにより、旧通貨は事実上、無価値となった(81)。

新通貨による価格が定まらない下で行商人は物品の販売を控えた。食糧の確保を絶たれた住民に多数の餓死者が出た。資金を収奪された行商人だけでなく住民も苦境に陥った。こうしてデノミは壊滅的破綻という結果に帰した。金正日の行ったことはデノミによる大混乱の責任の総てを朴南基《バク・ナムギ》朝鮮労働党経済担当書記に擦り付け、朴南基を粛清することで決着を付けたのである。[82]

二一世紀の今日、このような経済政策上の荒療治を行い、国民の資金を収奪するような国家、政府は北朝鮮を除いて類を見ないであろう。国民がこれだけ困窮を強いられながら、またデノミが無残な失敗に帰したにもかかわらず、最大の責任者であるはずの金正日に非難の矛先が向かわなかった。国民は警察や軍の厳しい統制下に置かれ、潜在的な不満はあれども不満が表立って表面化しない。

金正日時代を通じ国民はぎりぎりの生活を続けたが、その捌け口として暴動や蜂起は起きなかった。暴動や蜂起どころか、中国で繰り広げられるデモさえも起きていない。国民に対する統制や締付けが想像以上に厳しいのが現実である。

(2) 金正恩時代

金正恩時代に入っても国民の生活がこれといって改善されているわけではない。経済建設路線の下で市場は再開され、食糧配給がわずかながらも行われているものの、国民は今もなお限界ぎりぎりの生活を続けているという報告がある。二〇〇九年から一三年の期間をとってみれば、一人当たりの配給量は四百グラム程度で推移した。[83]

二〇一三年に市場の開催が十日間ほど認められた。都市居住者は居住地域近郊の市場に依存している。食糧や必需品を住民が確保する上で市場が一層不可欠になっている。この結果、市場など非国営商業部門を通じた食糧の確保は相変わらず都市部の住民にとって貴重な存在となっている。

食糧不足は近年、深刻でないとは言え、ほとんどの世帯が限界ぎりぎりの生活を送っているのが実情である。こうした状況は最悪の様相を呈した金正日時代よりも多少なりとも改善されているのかもしれない。とは言え、デノミの実施以来、国民の不満と怒りが蓄積していることは事実であろう。

また核実験や長距離弾道ミサイル発射実験など、頻繁に繰り返される大規模な軍事挑発が国威発揚の手段となっているかもしれないが、外部世界に向けられた軍事挑発が国民感情にどのような影響を与えるのかは必ずしも明らかではない。

他方、二〇一三年一二月の張成沢粛清事件は金正恩体制の下での最大の粛清であったが、その後も粛清は間断なく続いている。そうした粛清は国民に向けた強烈なメッセージでもあると考えられる。不満や反感を国民が政府や指導部に対し持つようなことがあれば、どのような処罰が待ち受けているかを知らしめる意味で一連の粛清は重要であった。

今後、困窮に苦しむ民衆が暴動や蜂起を起こす可能性は全くないわけではない。しかし暴動や蜂起を鎮圧すべく金正恩に差し向けられた朝鮮人民軍が暴動や蜂起に打って出た民衆側に立つ可能性は極めて低い。

したがって、もし平壌やいずこの地方都市で現状に激しい不満を持つ民衆による暴動や蜂起が起きる可能性が全くないわけではないであろうが、そうした暴動や蜂起が起きるとすれば、朝鮮人民軍は暴動や蜂起を起こした民衆に対し無慈悲なまでに暴力を振るうという結末になる可能性が極めて高い。暴動や蜂起に打って出たものには銃殺刑や強制収容所送りといった厳罰が待っている。

逆説的ではあるが、二〇〇九年一一月に断行されたデノミに標される通り、国民の財産に対する政府による収奪や略奪という言うべき行為が行われたにもかかわらず、一部で不満はあったにせよ大規模なデモや暴動が起きていないことこそ、恐るべき抑圧体制の下に放置された国民の無力ぶりを如実に物語っている。こうしたことから、暴動や蜂起が起きる可能性も低ければ、ましてや朝鮮人民軍が民衆側に立つという展望は考え難いのである。

第３章　米朝開戦前夜

第一節　金正恩の目論見――対米核攻撃能力の獲得と米朝核交渉

時に激情する感のある金正恩の印象とは別に、金正恩は冷徹に自ら設定した目的完遂に向けて突進している感がある。その目的とは米国本土への核攻撃能力の獲得であり、米国本土を射程に捉えた核弾頭搭載ＩＣＢＭの完成によって可能になると、金正恩は確信している。金正恩は期限を切って対米ＩＣＢＭの完成に向けて猛進している感がある。

二〇一七年七月の二度にわたるＩＣＢＭ発射実験と九月の第六回核実験で確認された技術面での進捗からして、対米ＩＣＢＭが完成する可能性が現実味を帯びてきた。技術的な課題とされてきたのはＩＣＢＭの射程距離の拡張に標される「長射程化」、弾道ミサイルの上部に搭載できる大きさに核弾頭を小型化する「小型弾頭化」、さらに弾頭が大気圏に再突入する際に発生する猛烈な高温と激しい振動から弾頭を保護する「再突入技術」などである。

ＩＣＢＭを含む相次ぐ弾道ミサイルの発射実験と核実験を通じこれらの技術開発は着実に進んでいる。これらの技術革新が実現すれば、対米ＩＣＢＭはいよいよ完成に近づくと予想される。

これを受け、金正恩指導部は世界に向けて対米ＩＣＢＭの完成を公式に宣言すると考えられる。その上で、対等な立場でトランプ大統領との米朝核交渉に金正恩は臨みたいと考えているのであろう。その核交渉とはトランプ政権が金正恩指導部に求めてきたような核を放棄するための交渉ではなく、核保有の容認、経済制裁の解除、米朝平和協定の締結、在韓米軍の撤退といったトランプにとってとても受け入れられない内容であろう。

この大目標の達成に向けて国営メディアの『朝鮮中央通信』報道を通じ激しい恫喝や様々な軍事挑発を画策して金正恩はトランプに米朝核交渉と核保有の容認意思の有無を探っている感がある。金正恩は米朝核交渉と核保有の現実を受け入れろとトランプに迫っているのである。実際に対米ＩＣＢＭを完成するには技術上の課題が山積しており、その克服にはまだまだ時間を要するとしても、トランプから核保有について容認を取り付けることができれば、これ幸いというのが金正恩の本音であろう。

これに対し、トランプは核保有を断固容認しないという姿勢を一向に崩していない。トランプから核保有の容認を勝ち取るべく軍事挑発を金正恩が繰り返すのに対し、トランプが断固核保有を容認できないとの姿勢を強める中で、いつしか米朝間で「戦争」という言葉が頻繁に使われるようになった[1]。トランプから核保有を容認しないと突き放されると、金正恩は怯むどころか、さらに対米ＩＣＢＭの開発に一心不乱にのめり込むという悪循環を繰り返している。そうした悪循環は行き着くところまで進むと想定する必要があろう。核・ミサイル開発に向け膨大な経費が掛かろうが、経済制裁を盛り込んだ安保理事会決議の相次ぐ採択とその制裁履行により締め上げられ外貨獲得が難しくなろうが、北朝鮮国民の生活が一層困窮しようが、核武力建設路線の錦の御旗を掲げ金正恩は対米ＩＣＢＭが完成するその日まで突き進むであろう。

（1）対米ＩＣＢＭの完成と「核の傘」の無力化

金正恩の目論見は全く根拠のないものではない。金正恩が主張する論理は対米ＩＣＢＭが完成すれば、「核の傘」を無力化できるというものである。韓国や日本など米国の同盟国は米国が提供する「核の傘」と呼ばれる拡大抑止に依拠してきた。拡大抑止が立脚する論理は、もしも北朝鮮が韓国や日本に対し核攻撃を敢行することがあれば、米国が同盟国防衛のコミットメントに従い北朝鮮に対し確実に核報復を断行するというものである。そうした想定の下で、金正恩指導部は核攻撃を控えざるを得ないという論理につながる。ところが、対米ＩＣＢＭが完成すれば、米国は同盟国の防衛のために北朝鮮へ核報復に打って出ることを躊躇するのではないかとの疑念が生じかねない。

と言うのは、米国が同盟国の防衛のために北朝鮮へ核報復を断行するぞと警告しても、ロサンゼルスやニューヨークなど米国本土の大都市への核攻撃に打って出ると金正恩が恫喝すれば、自国の大都市が壊滅的な打撃を受けかねないことを覚悟してまで米国が北朝鮮への核報復を断行するとは考え難いからである。

そうした状況の下で、北朝鮮への核報復を米国は逡巡しかねない可能性が出てくる。言葉を変えると、対米ＩＣＢＭを完成して初めて米国に対する真の核抑止力を北朝鮮が獲得できることになる。[2] このことが金正恩をして対米ＩＣＢＭの完成に向けて狂奔している主な事由の一つである。

こうしたことから、対米ＩＣＢＭの完成は「核の傘」が立脚する拡大抑止の論理を揺さ振りかねないというのは根拠のない話ではない。今後の進捗いかんでは北朝鮮の核保有を米国が容認するのではないかという疑問が生じるのはこうした文脈からである。金正恩が要求する核保有の容認を検討すべきではないかとの見解が米国内ですでに散見される。実際に、ゲーツ（Robert Gates）元国防長官は十発から二十発程度の核兵器の保有を容認すべきではないかとの見解を表明している。[3]

(2) 金正恩の要求――核保有国としての地位の容認

こうした見解が米国内で表れることを金正恩は心待ちしているに違いない。その意味で、限定的であれ北朝鮮の核保有を容認する見解は金正恩の思う壺以外の何物でもない。対米ICBMを完成することにより米国は北朝鮮を核保有国として遅かれ早かれ容認せざるをえなくなると、金正恩は希望的観測をめぐらしているのであろう。これに対し、北朝鮮の核保有を断固認めないという姿勢をトランプは貫くことができるか。

金正恩が目論んでいるのは既述の通り、北朝鮮の核保有を容認し米朝平和協定の締結を米国に迫ることである。[4] 二〇一七年八月二日、『朝鮮中央通信』は声明文を発表し、「朝鮮民主主義人民共和国の戦略的地位を認め、対朝鮮敵視政策から転換して本土を含む米国全体の安全を保障してもらう」か、それとも「核惨禍の中で米帝国主義の悲惨な終焉を迎える」かとの二者選択を米国に迫った。[5]

こうした要求は核保有国としての地位を容認し、一九五三年七月の朝鮮戦争休戦協定に取って代わる米朝平和協定を締結することを単刀直入に迫ったものである。米朝核交渉が開催されることがあれば、金正恩指導部の目論見は明白である。韓国を蚊帳の外に置いた米朝平和協定を締結し、できることならば米韓連合軍司令部を解体すると共に在韓米軍を撤収に追い込みたいところであろう。

これが米国との激烈な戦闘を戦い抜き朝鮮戦争休戦協定という苦渋の選択を強いられた金日成、その後を継いだ金正日、さらに金正恩に至る三代にわたる金体制の宿願であろう。これにより朝鮮戦争休戦協定の締結により止まってしまった時計の針を再び動かし、長らく封じ込められた朝鮮半島の現状を打破し、韓国への決定的な勝利を収めたいところであろう。この結果、在韓米軍という強大な庇護者を失った韓国は金正恩率いる朝鮮人民軍にとって格好の標的になりかねないのである。

米朝平和協定が締結されれば、米朝国交正常化の実現も視野に入ってくるであろう。これに伴い、膨大な量の食糧や燃料も確保できるという展望が開けるであろう。さらに正式な核保有国として認知されることにより、正々堂々と核兵器開発に打ち込めるのではないか。また米国が北朝鮮を核保有国として容認すれば、中国、ロシア、イギリス、フランスも追随するであろう。

この間、安保理事会において経済制裁を盛り込んだ決議が相次いで採択され、それに基づき北朝鮮は経済制裁で締め上げられているが、一度核保有を容認されれば、経済制裁は解除されることになろう。経済制裁の立脚する根拠は北朝鮮に核・ミサイル開発を断念させるというところにある。ところが、北朝鮮の核保有をトランプ政権が容認すれば、北朝鮮に対する経済制裁の論理も根拠を失いかねない。ここに金正恩指導部が日々厳しさを増す経済制裁に苦しみながら一日も早い対米ＩＣＢＭの完成に向けて邁進している事由があろう。

是が非でもトランプに核保有国としての地位を容認させたい金正恩の目には、自らの都合でインドやパキスタンの核保有を米国は認めたではないかと映っている節がある。インドとパキスタン両国とも核拡散防止条約（ＮＰＴ）の枠外で核保有を行ったが、米国は国益上の事由で例外措置として両国の核保有を容認した経緯がある。インドやパキスタンの核保有を容認しながら、何故、北朝鮮の核保有を容認できないのかと、金正恩は考えるであろう。

結局、対米ＩＣＢＭの完成は金正恩にとって良いことずくめということになる。随分、一方的で独り善がりの考え方であるとは言え、対米ＩＣＢＭの完成に向けて金正恩指導部が狂奔している事由にはそれなりの論拠があるのである。

（3） 重大な反作用

しかしそうした金正恩の目論見が重大な反作用を引き起こすことは必至である。かりに北朝鮮が実際に対米ＩＣＢＭを完成することがあるとしても、米国が北朝鮮を核保有国として容認するとは考え難い。対米ＩＣＢＭを実際に北朝鮮が完成することと、北朝鮮を核保有国として米国が容認することはあくまで別のことである。

核保有国としての地位を容認することは核不拡散体制の事実上の破綻を招きかねない。米朝平和協定が結ばれ在韓米軍の撤収が認められるようなことがあれば、韓国は国防の要を失いかねない。その成行きとして早急に自前の核保有を韓国は目指さざるをえなくなるであろう。韓国にとって国家の存立のために核保有以外に選択肢がなくなる。

ところが、韓国が核保有へと大きく舵を切れば、遅かれ早かれ日本も重大な岐路に立たされることになりかねない。

この結果、北東アジア地域での核拡散のドミノに歯止めがかからなくなるとも限らない。そうしたことが実際に起きると、不拡散体制は根底から動揺しかねない。これと並行して、大規模な軍事挑発の度に一触即発の危機が繰り返され、制御不能な事態に及びかねない。大破局とも呼ぶべき事態は日々迫りつつある感がある。

地政学上の視座から朝鮮半島に米国の影響力が増大しかねない事態を食い止めたい中国やロシアにとっても、米国の同盟国である北東アジアの非核国へ核が拡散しかねない事態は決して好ましい状況ではないであろう。したがって、米朝核交渉において米朝平和協定の締結へ米国が傾くことは北東アジア地域での核拡散を一気に加速するほどの地殻変動を起こしかねない重大性を持つのである。

そうした重大な意味合いを持つがゆえに、トランプは北朝鮮の核保有を容認することはできないことになる。ティラーソン（Rex W. Tillerson）国務長官がICBM発射実験後の二〇一七年七月四日に「我々は決して核武装した北朝鮮を受け入れない」と言明した通りである。(6)

第二節　第六回核実験の断行と習近平指導部による圧力行使の限界

北朝鮮の核・ミサイル開発に歯止めをかける上で習近平指導部が鍵を握るとトランプは認識してきた。核実験が及ぼしかねない中国東北地方への悪影響に対し習近平指導部は危惧の念を表明し、二〇一七年四月には石油供給制限をちらつかせ金正恩が核実験を強行するのを寸前で取り止めさせた[7]。石油供給の制限という脅しは金正恩をして核実験を取り止めさせるだけの実効性を持っていることを物語った。

とは言え、核実験の実施を習近平に通告したがために止められたという認識を持っていた金正恩は習近平に事前通告することなく九月三日に爆発威力が百六十キロ・トンにも達する第六回核実験を断行し、世界を震撼させるに及んだ[8]。第六回核実験の断行は習近平指導部が核実験を制止できなかったことを物語った。

確かに、石油供給制限は習近平指導部が行いうる最も強力な経済制裁手段であることは間違いない。石油供給制限が厳格に実行されれば、遠からず北朝鮮の備蓄燃料が枯渇するといった状況を生みかねないとされる。しかし備蓄燃料が枯渇しかねない展望は習近平指導部にとって好ましい結果だけでなく好ましからざる結果も招来させかねない。備蓄燃料が実際に底を突けば、これに伴い遠からず北朝鮮経済が麻痺状態に陥る結果、金正恩体制の存立基盤が動揺し始め、これに伴いありとあらゆることが起きかねないことが危惧されるからである。石油供給制限といった措置がもたらしかねない副作用には習近平からみて予見不可能なものがある。

支配体制が動揺する中で膨大な数に上る北朝鮮国民が中国との国境に殺到するという事

態、韓国への軍事侵攻を金正恩が決断するかもしれない事態、朝鮮人民軍の一部が軍事クーデターを決行しかねない事態、民衆による蜂起が起きるかもしれない事態など、そうした展望は朝鮮半島の平和と安定を何よりも重要視する習近平指導部にとって悪夢の展望であろう。

すなわち、厳格な石油供給制限はこの上ない脅しの手段となりうるが、一度実行に移されることになれば、多かれ少なかれ余波に曝されかねない中国にとって看過し難い悪夢の展望を生みかねない両刃の剣なのである。

習近平指導部が厳格な石油供給制限を決断するということは金正恩体制を見限ることを意味し、支配体制の動揺や崩壊によるありとあらゆる好ましくないリスクを覚悟する段階に及んだことを意味する。この期に及んでも、そこまでは至っていないと習近平指導部は判断しているのである。

(1)対米ICBMの完成に向けて——核弾頭搭載ICBM発射実験の可能性

対米ICBMの完成に向けて今後も核実験とICBM発射実験を行うことが不可欠であると、金正恩は確信している。言葉を変えると、金正恩にとって核・ミサイル開発はまだ道半ばということになろう。核実験であれＩＣＢＭ発射実験であれ、実験の度に深刻な危機が発生することが想定されるが、金正恩にとってそうしたことは知ったことではない。一日も早い対米ＩＣＢＭの完成を目論む金正恩が一か八かの賭けに出ているのは目に見えている。

二〇一七年七月四日と二八日のＩＣＢＭ発射実験では「ロフテッド軌道」と呼称される通り極端な高角度でＩＣＢＭを打ち上げ、日本近海に着水させた。これに続いて、九月三日には水爆実験と考えられる第六回核実験を断行した。しかし対米ＩＣＢＭを完成させるためには核弾頭を搭載したＩＣＢＭを通常軌道で太平洋方向に打ち上げ、米国本土付近の太平洋海域で核爆発実験を行う必要があると、金正恩は認識している。

そうした金正恩の認識を裏付けるかのごとく、九月二一日に李容浩北朝鮮外相が太平洋上で水爆実験を強行する可能性をほのめかした。(9) 李容浩の発言は遠くない将来、太平洋方向に向け核弾頭搭載ＩＣＢＭを発射させ、米国本土に近接した太平洋上で核爆発実験を強行するのではないかという推測を生んだ。もしもそうした実験に成功することがあれば、金正恩にとって宿願の対米ＩＣＢＭは一気に完成の運びとなろう。

他方、絶対に越えることがあってはならないレッドラインを金正恩はついに越えたと、トランプ政権は判断するであろう。そうした発射実験をトランプが許容するわけはない。トランプは太平洋海域に飛来するＩＣＢＭを迎撃ミサイルで迎え撃つ前の段階の措置として、ＩＣＢＭの発射の兆候を事前に掴み、ＩＣＢＭに核弾頭が実際に搭載されていると認められれば、直ちに空爆によりＩＣＢＭを叩くという選択肢を実行に移す可能性がある。もしも金正恩が核弾頭搭載のＩＣＢＭの発射実験を断行し、これに対しトランプが空爆によるＩＣＢＭの破壊を決断することがあれば、軍事衝突はほとんど不可避となろう。

（2）空爆の敢行と金正恩による報復――大規模軍事侵攻

発射準備態勢にあるＩＣＢＭに対する限定的空爆作戦といえども、難題が幾つも重なり合っている。空爆作戦という選択肢については米国内で賛否が分かれている[10]。トランプは米国民や政治家の多数から支持を獲得することができるであろうか。加えて、同盟国たる韓国や日本に加え、中国から了解を取り付けることができるであろうか。破壊目標とするＩＣＢＭに対する限定的な空爆作戦に止めるとしても、金正恩がそうした空爆をどのように受け取るであろうか。

かりに敢行されるのがＩＣＢＭ一基への限定的な空爆であったとしても、金正恩にとってみれば北朝鮮に向けた全面的攻撃であることとさほど変わりはない。その結果、金正恩が大規模な報復行動に出る可能性が極めて高い。発射準備態勢にあるＩＣＢＭへの空爆作戦が内包する突出した危険性をトランプが熟慮すれば、空爆作戦を見送り飛来するＩＣＢＭを太平洋上空で迎撃することに重きを移行させるであろうか。いずれにしても、ＩＣＢＭに対する空爆作戦が強行されることがあれば、それが功を奏するかどうかは別にして、朝鮮半島での甚大な規模の軍事衝突を誘発する報復行動に金正恩指導部が打って出ることは間違いないであろう。

(3) 米中激突の危険性

報復には大きく分けて二つあると考えられる。一つは韓国に対し通常戦力による大規模侵攻を金正恩指導部が決断する場合である。

約五千万の総人口の内約一千百万が集中する首都・ソウルは南北を分ける軍事境界線から直線でわずか四十キロ・メートルしか離れていない。さらにソウル首都圏には約二千四百万もの人が居住する。米国による空爆を受けることがあれば、直ちに軍事境界線の北側に張り付けた長距離砲、多連装ロケット砲、自走砲など火砲でソウル首都圏に対し一斉砲撃を加えることが予想される。このことはソウルを「火の海」にするという脅し文句の通りである。[11]ソウルに向けて有らん限りの砲弾を浴びせながら、二千両もの数の戦車隊が一気に韓国領内に雪崩れ込む戦法を金正恩指導部がとることは明らかであろう。

しかしそうした侵攻は米韓連合軍による猛反攻を確実に招くであろう。韓国防衛を掲げ米韓連合軍はこれまでそうした朝鮮半島有事を想定して米韓合同軍事演習を綿密に重ねてきた。実際に半島有事ともなれば、緒戦において優位に立つのは朝鮮人民軍の側であろうと目されるが、戦闘が長引くに連れ米韓連合軍が優位になることは確実である。いずれにしても、朝鮮半島中央部は激しい戦火に包まれることになろう。

その後、戦局で優位に立った米韓連合軍は軍事境界線を突破し、「斬首作戦」の名の下で金正恩の排除を掲げ平壌へ進撃を続けると想定される。ところが、米韓連合軍による北進は習近平指導部にとって明らかに許容範囲を超えている。

この点に触れ、中国共産党系メディアの『環球時報』は二〇一七年四月二二日に米軍による空爆に対しては黙認する可能性があるが、米韓連合軍が軍事境界線を突破し地上から北進することがあれば、自らの軍事介入に踏み切るであろうと明言した。[12]

もしも中国人民解放軍が軍事介入を決断するという局面に至れば、北朝鮮領内で米韓連合軍と中国人民解放軍が睨み合うという可能性が出てくる。北朝鮮領内で米中両軍が激突するといった危険性もないわけではない。その結果、朝鮮半島において米・中・朝・韓を巻き込んだ大規模の軍事衝突という最悪とも言える現実に近づくことになりかねない。

そうしたことが起きるようではまさしく朝鮮戦争の再現であり、「第二次朝鮮戦争」と揶揄される事態となりかねない。これは総ての関係諸国にとって悪夢と言える最悪の道筋である。すなわち、大規模の軍事衝突を誘発させかねない事態に近づきつつあるという、悪循環に現状は陥っているのである。

(4) 核ミサイル攻撃の断行

金正恩が企てかねない報復行動として、韓国やわが国に核ミサイルを撃ち込むという事態も考えられないわけではない。金正恩指導部が核ミサイル攻撃を断行することがあれば、トランプ政権は北朝鮮に対し核報復に打って出る可能性が極めて高い。

そうしたことを踏まえると、米国による核報復を覚悟してまで金正恩指導部は核ミサイル攻撃の断行を決断することはあろうか。米韓連合軍による猛反攻を受け体制崩壊の危機に直面することがあれば、自暴自棄になった金正恩が核ミサイルの使用に打って出ることがないわけではない。米国による核報復を浴びる可能性が極めて高いにもかかわらず、韓国やわが国に対し核ミサイル攻撃を金正恩が決断する可能性は排除できない。最高権力者である金正恩が核ミサイル攻撃を決断すれば、それまでであろう。そこに金正恩の一人独裁体制の怖さがある。

第三節　対話の可能性

いずれの道筋も関係諸国には何としても回避したいところである。それでは軍事衝突を回避するための活路はあるのか。王毅《ワン・イー》中国外相が言うところの対話であろうか。

風雲急を告げる中、二〇一七年三月七日に王毅は「お互い本当に正面衝突するつもりなのか」と発言し、米朝間の軍事衝突の可能性に警鐘を鳴らした(13)。その上で、王毅は危機の収束策として北朝鮮が核実験や弾道ミサイル発射実験などを停止する一方、米韓両国は合同軍事演習を停止する内容の提案を行った。米朝双方が相手側を挑発しているとし互いに挑発を控えるべきであるとの思いが王毅にあった。しかし王毅の提案はいずれの側からも拒否された。

第六回核実験の強行が危惧された金日成主席生誕百五周年の四月一五日を前に王毅は切羽詰まった危機感を表明した。王毅は一四日に、「武力では問題を解決できず、対話のみが唯一の出口ということを歴史は何度も証明してきた」と力説した(14)。

王毅の言う対話とは六ヵ国協議を指すであろうか。仮にそうであるとしても、既存の六ヵ国協議の枠組みでは問題の解決は難しい(15)。その最大の事由は六ヵ国協議が立脚したところの前提条件というべきものがすでに実効性を失っているからである。

この取引は北朝鮮が「非核化」、すなわち、「すべての核兵器開発計画の放棄」を実行すれば、米国や他の参加国がその見返りを提供するというものであった。これに対し、北朝鮮は六回も核実験を行い十数発の核弾頭を保有し、しかもその運搬手段である弾道ミサイルを多数抱える。こうした現実を背景として金正恩指導部は事あるたびに「責任ある核保有国」であると吹聴してきた(16)。

こうしたことを踏まえると、北朝鮮が「すべての核兵器開発計画の放棄」を議論する協議の場に戻るといった可能性は考え難い。米国、中国、ロシア、イギリス、フランスなど既存の核保有国に対し北朝鮮が核保有国であると是が非でも認めさせたいと金正恩は躍起になっている。これに対し、既存の核保有国が北朝鮮を核保有国として容認する可能性は考え難い。NPTを脱退して核兵器開発に狂奔する国家を核保有国として容認することはNPTの精神に反するだけでなく、北朝鮮の核・ミサイルの矛先が向けられる格好の韓国や日本が核兵器の保有を真剣に検討するという事態を招きかねないからである。

結局、六ヵ国協議の再開に向けた展望がなかなか開けない中で、六ヵ国協議という呼称の下で別の内容の協議を六ヵ国が行うことも考えられないわけではない。いずれにせよ、協議が再開されることがあるとしても、自陣にとって流れがよくないと判断すれば、協議の合間を縫う形で金正恩指導部は軍事挑発をまたしても続ける結果、対米ICBMの開発が間断なく進むことは目に見えている。それでは、対米ICBMの完成に向けた時間稼ぎとなりかねない。協議は遅々として進まないばかりか、気が付いたら対米ICBMの性能が一層向上していたというのは悪夢に近いものがある。そうした抜け道や抜け穴のあるような対話をトランプが受け入れるはずはない。

(1) 暫定的合意――核・ミサイル開発計画の凍結合意

米朝間で暫定的な取引も考えられる。すなわち、北朝鮮が核・ミサイル関連活動を一定期間にわたり凍結する見返りとして、米国は相応の支援を行うという内容の合意である。

実際に、二〇一二年二月にそうした米朝食糧・凍結合意が成立した(17)。この合意には、北朝鮮が核関連活動を凍結する見返りに二四万トン相当の食糧を米国が提供する内容が盛り込まれた。

北朝鮮が核実験、長距離弾道ミサイル発射実験、寧辺《ニョンビョン》の核関連施設でのウラン濃縮活動を凍結する見返りに、米国は二四万トン相当の食糧を提供することになった。ところが、合意からわずか二ヵ月後の四月に金正恩指導部が長距離弾道ミサイル発射実験を行ったことで、オバマ政権は合意を反古とした経緯がある(18)。

また二〇一六年九月には米大統領選を前に「米外交問題評議会（CFR）」から上記の合意を想起させる報告書が刊行された(19)。同報告書の問題意識は次期大統領の任期内に対米核攻撃能力を北朝鮮が獲得するであろうことを踏まえ、決定的な対応を次期大統領が決断しなければならないとの認識であった。そうした問題意識の下で報告書は北朝鮮の核兵器開発と弾道ミサイル開発の凍結を目指した協議を提唱した。

すなわち、核実験、長距離ミサイル発射実験、プルトニウム再処理、ウラン濃縮、寧辺の黒鉛炉など五件の凍結と、国際原子力機関（IAEA）による核関連施設の査察を提唱すると共に、これに並行する形で米韓両国が北朝鮮への食糧支援を行うと共に米韓合同軍事演習の縮小を含めた措置についても検討する。最終的には、北朝鮮の非核化と米朝平和協定の締結も視界に捉えるというものであった。核保有の容認が全く出てこないこの種の取組はトランプ政権にとって都合がよくても、金正恩にとって受け入れ可能ではないであろう。

(2) 米朝核交渉

最後に出てくるのが前述の米朝核交渉であろう。トランプは二〇一七年五月一日に「条件が整えば、彼(金正恩)に会うだろう」と語った。[20] その条件は核兵器と弾道ミサイル開発計画の完全な放棄であった。総ての核兵器開発とミサイル開発の放棄を前提にしない限り、対話に応じる用意はトランプにない。金正恩が対米ICBMの完成宣言を行ったとしても、金正恩の思惑通りに米朝核交渉は始まらない。金正恩がトランプに対し北朝鮮の核保有を認めることを執拗に求めている一方、トランプは核の放棄を要求していることに標榜される通り、交渉の前提となる基本方針が余りにも違いすぎる。

とは言え、一触即発の危機が日々深まる中で、米朝核交渉の開催に踏み切らざる得ない局面にトランプは遅かれ早かれ立たされる可能性がある。しかし米朝核交渉に辿り着いたとしても、交渉が金正恩の目論見どおりに進むとは考え難い。核保有の現実を受け入れろとする金正恩の要求と、核を放棄せよとするトランプの主張との間には「天と地」ほどの開きがある。トランプの要求は金正恩にとってこれまで血と汗で作り上げた各種の核ミサイルを廃棄せよという、武装解除要求以外の何物でもない。

「対話のみが唯一の出口」であると王毅は言うが、その対話が妥結する可能性が極めて厳しいのである。結局、米朝双方が持論を繰り広げ原則にこだわるならば、米朝核交渉は物別れに終わる公算が高い。とは言え、核交渉の決裂は軍事衝突の危険性をほとんど不可避にしかねない怖さがある。

何としても軍事衝突の危険性を忌避しなければならないとすれば、最後に折れるのは金正恩ではなくトランプの側となるのではないであろうか。瀬戸際外交を繰り広げ必死に超大国・米国に立ち向かう金正恩に譲歩の余地はない一方、最後のところでトランプが譲歩に転じる可能性がないわけではない。その譲歩というのは外でもなくトランプが北朝鮮の核保有を限定的に容認することであろう。既述の通り、米国内でそうした見解が聞かれることは金正恩にとって願ったり叶ったりであろう。

米朝核合意の締結により喫緊の危機的状況は沈静化できるかもしれない。とは言え、同合意の実施はさらなる困難が伴うであろう。一定の数の核弾頭を容認する合意に米国が応じるとしても、同合意は検証可能でなければならず、そのためには査察が的確に行われなければならない。

しかし一九九〇年代の米朝高官協議において金日成指導部が最後まで執拗に査察逃れをしたという経緯[21]、また二〇〇〇年代の六ヵ国協議が検証を巡る対立が解けず頓挫した経緯を踏まえたとき[22]、合意の検証は本当に可能であるのか。検証の実施はあまりにも不透明であり疑問が残る。

しかも、北朝鮮の核保有を条件付きであれ容認するとすれば、それがもたらしかねない重大な反作用についてトランプは熟慮しなければならないであろう。条件付きであれ北朝鮮の核保有を容認することがあれば、韓国への核兵器の持ち込みを真剣に考えざるをえなくなるであろう。差し迫った危機は凌げるかもしれないが、核保有を条件付きで容認された北朝鮮と核兵器を再配備した韓国が対峙するといった朝鮮半島情勢はより安全なのか、それとも危険なのか。しかも既述の通り、韓国への核の再配備は少なからずの余波をわが国に及ぼすであろう。非核三原則を国是としたわが国で長らく封印されてきたタブーにメスが入ることになりかねない。

結論　わが国への核ミサイル攻撃の可能性

わが国は本来、北朝鮮核・ミサイル危機の当事者であったわけではない。とは言え、朝鮮半島を巡る緊張が殊の外高まり、米朝の軍事衝突が現実味を帯びてきた昨今、わが国はもはや傍観者ではありえない。これと並行するかのように、わが国に対する金正恩指導部の誹謗中傷は日増しに過激になっている。

もし何らかの事由で軍事衝突が起こり、自暴自棄となった金正恩がわが国への核ミサイル攻撃を決断することがあれば、わが国は重大な事態に曝されかねない。

金正恩指導部は『朝鮮中央通信』を通じ一次打撃対象はソウルの青瓦台と反動機構、二次打撃対象はアジア・太平洋地域の米軍基地及び米本土であると、二〇一六年春に名指しした。[23] この打撃対象の中にわが国は入っていなかったとは言え、在日米軍基地が二次打撃対象に入ることから、わが国への核攻撃と実質変わらないことになりかねない。

そこに持ってきて、二〇一七年五月三日に金正恩指導部は『朝鮮中央通信』を通じ「日本がどの国よりも真っ先に放射能の雲で覆われる」と、わが国への核ミサイル攻撃を示唆した。[24] さらに九月一三日には同じく『朝鮮中央通信』を通じ「日本列島の四島を主体の核爆弾で海中に沈めるべきである」と威嚇した通り、わが国への核の恫喝は常態化している。[25] しかも一六年以降、金正恩指導部は日本の排他的経済水域に弾道ミサイルの発射実験と称してミサイルを頻繁に撃ち込んでいるのである。

危機が深まる中で、核ミサイルが飛来しかねないと考えなくてはならない時期が来たと思われる。ノドン・ミサイルがわが国に飛来する場合、発射から着弾まで十分も掛からない。これに対し、わが国のミサイル防衛システムは飛来する弾道ミサイルを確実に迎撃できるかどうか必ずしも明らかではない。同防衛システムを緊急に整備する必要があることは言うまでもない。

これまで北朝鮮の脅威は仮説上の脅威であったが、すでに現実の脅威となっている。このことをきちんと認識しそれに備える必要がある。そのとき、どうするでは遅い。

あとがき

二〇一六年三月刊行の拙著『北朝鮮「終りの始まり」2001-2015』（論創社・二〇一六）においで朝鮮半島有事の可能性について、次のように記した。「我が国としても、（朝鮮半島有事）が起こり得るということを肝に銘じる必要があろう。その時、どの様な対応が求められるか、真剣に検討し準備を整えなければならないことは言うまでもない。そうした事態はいつ何時起きてもおかしくはない。数十年後のことかもしれないし、あるいは数年後のことかもしれない。」（四八八頁）ところが、一年も経たない内に米朝間で軍事衝突の危機が叫ばれるようになった。戦争という文言までが頻繁に紙面をにぎわしている。率直に言って、ここまで来てしまったのかというのが実感である。

もしも米朝開戦という事態へと発展すれば、北朝鮮という国家は存続するかもしれないが、金正恩体制はまず崩壊を免れないであろう。「ロケット男は自身と自身の体制に対する自爆任務に突き進んでいる」とした二〇一七年九月一九日の国連総会でのトランプ演説は実に的を射た表現であり、それゆえに対米ＩＣＢＭの完成に向けて狂奔を続け恫喝と軍事挑発を繰り返す金正恩の真意がよく理解できないところである。結局、総てが自ら思い描く道筋通りに進むはずであるとの目算に立ち、一か八かの賭けに金正恩は出ているのであろう。

しかし外部の観察者の目には、金正恩の目算通りに事態が進むとは到底映らない。金正恩は自らの目算が必ずや成就すると一点張りのようにみえるが、その目算が狂ったとき何が起きるかということを自覚しているのであろうか。賭けが裏目に出たときの選択肢を金正恩は果たして持っているのであろうか。もしもこれといった選択肢がないにもかかわらず賭けに出ているとすれば、その先に待ち構えているのは破局ということになりかねない。

本文で記した通り、対米ICBMの完成に向けた最終段階の実験として核弾頭搭載ICBMを太平洋方向へ発射し太平洋上で核爆発実験を強行しようとすれば、発射準備態勢にあるICBMが米軍による空爆に曝される可能性が大であり、もしもそうした展開に至ることがあれば、金正恩は報復を思い止まるか、あるいは報復に打って出るかの二者選択に迫られよう。

それでは金正恩は果たして思い止まるであろうか。金正恩が思い止まれば差し迫った危機は沈静化するかもしれないが、金正恩にとってトランプの軍門に降ったことを意味する。金正恩が史上最高の超強硬対応措置という名の下で報復を選択する可能性が高い。韓国への大規模侵攻が既述の通りの展開を生み、自らの体制の瓦解を招くと判断すれば、一先ず侵攻を先送りにして対米ＩＣＢＭの完成に向けた最終段階実験を繰り返すことも考えられないわけではない。

しかし同様の実験が行われるのであれば、改めて米軍が空爆による先制攻撃に打って出る可能性が高い。しかもそうした実験が繰り返されるようだと、米軍は発射準備態勢にあるＩＣＢＭだけではなく北朝鮮全域に点在する核・ミサイル関連施設に大規模な空爆を断行するであろう。結局、遅かれ早かれ金正恩が自暴自棄となり報復と称して韓国への軍事侵攻を決断するに至る可能性が高い。このことは破局への道を金正恩が選択することを意味する。

そうなれば、本文で論述した展開が待ち受けていることは間違いないであろう。米韓連合軍は猛反攻に転じ、その勢いで平壌に進撃し金正恩が潜む指揮部を制圧することにより金正恩体制は崩壊するであろうし、金正恩がはたまた韓国や日本の大都市に核ミサイルを撃ち込もうとすれば、米軍が核報復を断行することにより金正恩体制は崩壊するという結末が導かれよう。この動かしがたい結末を金正恩が理解することなく、トランプを相手取って対米ＩＣＢＭの完成に向け軍事挑発を続けることはまさしく無謀というものである。

確かに祖父・金日成と父・金正日の二人の金体制の基底を貫く考えとして、瀬戸際外交を果敢に繰り広げそれが裏目に出たときには自らの体制の崩壊と引き換えに近隣諸国を道連れにしようとするものがあったかもしれない。米韓連合軍の猛反攻を受けることがあれば、金正恩は自らの体制の瓦解のリスクを冒し近隣諸国を道連れにしようと本気で考えているのであろうか。金正恩体制の体制転換を真剣に考えているような国はない。いかに金正恩体制の下で「人民の生活向上」がないがしろにされ、国民の圧倒的大多数が困窮と圧政の下に放置されていることに標される通り、金正恩体制が極悪の抑圧体制であるとは言え、北朝鮮国内で生起していることは本質的に国内管轄事項であり、そうした事由だけから外部勢力が同体制の転覆を図ろうとするのは内政干渉に該当する。

金正恩指導部が対米ＩＣＢＭを完成させ対米核攻撃能力を獲得し米国に直接脅威を与えない限り、トランプもまた空爆といった選択肢を実行に移すことはないであろう。言葉を変えると、対米ＩＣＢＭの完成に向けた狂奔を金正恩が止めれば、金正恩体制は曲がりなりにも続くことになろう。今後も慢性的な低迷と停滞を北朝鮮経済が続けるとしても、朝鮮人民軍の忠誠と支持を基盤とし一人独裁体制を堅持することができれば、三代にわたる金体制がこのまま存続することは間違いないであろう。合理的かつ理性的な思考の余地が金正恩にひとかけらでも残っているのであれば、対米ＩＣＢＭの完成に向けた軍事挑発を直ちに止めなければならない。すなわち、一か八かの賭けに出ている金正恩の考え自体が外部世界には理解し難いのである。

祖父と父の教えがいかに有難く絶対的なものであるとしても、何故に自らの体制を瓦解の危機に曝してまで対米ＩＣＢＭの完成に向けて突き進むのか、理解に苦しむところである。既述の通り、トランプが国連総会で「自爆任務に突き進んでいる」と罵倒した通りである。米朝開戦となれば、遅かれ早かれ金正恩体制の瓦解という帰結を生む。この単純かつ明快な帰結を何故、金正恩は理解しようとしないのであろうか。

軍事挑発を執拗に続ければ最後に引き下がるのはトランプの方であろうと金正恩が高を括っている可能性はある。北朝鮮の核保有を限定的に容認すべきではないかと主張する無節操かつ無責任な見解が米国内で散見されるが、そうした見解が米国内で今後次第に浸透しトランプ政権を動かしうる世論となり、核保有の限定容認をトランプもいずれ受け入れるであろうと金正恩が思い込んでいるとすれば、そうした思い込みを金正恩は改めた方がよい。

かりに対米ＩＣＢＭを完成させ対米核攻撃能力の獲得を金正恩が声高に宣言したとしても、金正恩の思い描いている手にトランプは乗らないであろう。金正恩の手の内を熟知するトランプは北朝鮮の核保有をいかなることがあっても容認することはないであろう。対米ＩＣＢＭの完成に向けた動きを許容する余地はトランプにはない。相手側がいつか折れると信じ対米ＩＣＢＭの完成に向けて狂奔することは、狭く偏った思考に陥った未熟な指導者であるということに帰着するのかもしれない。

父・金正日は最期まで経済政策で失政と失態を繰り返した一方、外交においては押すところは押し引くところは引くといった強硬路線と柔軟路線を曲がりなりにも使い分けた権力者であった。一九九〇年代後半に未曾有の大飢饉に直面し三百万人とも言われる餓死者を生み体制崩壊の危機に瀕した際、韓国や中国からの膨大な量の支援を取り付け、体制の崩壊を辛くも免れたという経緯がある。あのとき金正日が強硬一辺倒であったならば、金体制は今日まで存続していなかったであろう。

その後、二〇一一年一二月に金正日が急死し金正恩が最高権力者に赴いたとき、金正恩は弱冠二十七歳の若者であった。それまで数年間にわたり権力継承に向けて着々と準備がなされたとはいえ、晩年の金正日にとって心配の種は金正恩が最高指導者として独り立ちできるかどうかであった。それゆえに金正日は側近の張成沢を後見人に据え、国難に揺れる国家を率いる最高指導者に金正恩が成長することを望んだのであろう。

しかし父の期待を二年間で金正恩は裏切ることになった。朝鮮労働党で権勢を誇る党組織指導部や朝鮮人民軍の幹部達と権益確保を巡り骨肉の争いを続けた張成沢にも問題があったにせよ、張成沢が推進した中国との経済協力を基盤に据えた改革路線が北朝鮮の存続にとって必要不可欠な路線であったことは間違いなかったであろう。ことの真相は未だに不透明であるが、金正恩が張成沢と敵対する幹部達と組みその張成沢を粛清したことにより改革路線はもはや死に体となった。張成沢を有力な人物とみなし張成沢を介する形で金正恩を動かそうとした中国指導部が激憤したことは想像に難くない。中朝貿易と中国による対外投資の下落に標される通り、その後の北朝鮮経済の低迷と停滞は疑いようのないものとなっている。

習近平が二〇一四年七月に韓国の朴槿恵の元を訪問したことは金正恩を著しく憤らせることにつながった。その後、習近平は事あるたびに金正恩に祝電を送り、形式上友好関係を維持しているかのように装っているとは言え、度を越した軍事挑発を繰り返す金正恩に希望や期待を習近平はもはや持ってはいないであろう。しかし金正恩体制の瓦解を招くような事態が習近平指導部にとって望ましくないことに変わりはない。

中国と陸続きで接すると共に米国の事実上の勢力圏たる韓国との間に存在する北朝鮮という領域の持つ地政学的な重要性を踏まえると、金正恩体制が転覆するという事態がもたらしかねない展望は習近平にとって余りにも危険なのである。北朝鮮領域が米国の影響下に入ることは鴨緑江《アムノッカン》を境界線として目と鼻の先に米国の勢力圏が迫り来ることを意味する。そうであるからこそ、米韓連合軍が北朝鮮の制圧に向けて軍事境界線を突破、北進することがあれば、大規模の軍事介入を中国は辞さないと『環球時報』を通じ明言してきた。米軍が中朝国境付近に迫り来る事態は何としても避けなければならないという習近平指導部の判断である。

要するに、金正恩体制を何としても瓦解させようと目論んでいる国はないことを金正恩自身が理解しなければならない。金正恩がなすべきことは一歩引いて外部世界との関係修復を模索することである。また約二千五百万人を数える北朝鮮国民も軍事衝突を望んでいるとは到底思われない。今後数十年も続きうる自らの体制の存立と充実に向けて金正恩が真摯に取り組むべき課題は別のところにあるはずである。朝鮮労働党の基本路線として並進路線を謳い「人民の生活向上」を基盤に据えた経済建設を真剣に目指すのであれば、中国や韓国との関係修復に全力を尽くし貿易の振興と外資導入に本気に取り組む必要があろう。

ところが対米ＩＣＢＭの完成に向けて突き進む感のある今の金正恩を見ると、残念ながら理性的で分別のある思慮と判断に基づいて行動しているとはとても思われない。自らの選択肢を一つ一つ狭め、自らを破局に追い込もうとしているとしか映らないのである。米朝開戦ともなれば、予見不可能な結末が待ち構えていよう。誰よりもその被害に曝されかねないのは北朝鮮国民である。加えて、近隣諸国もとばっちりを受けかねない。しかも金正恩が自らの体制の瓦解を覚悟して近隣諸国を道連れにしようと目論むことがあれば、とばっちりは甚大となりかねない。まさしく金正恩は正気を失っているとしか表現できないことになる。

大規模な軍事衝突が起きれば、程度の差こそあれ余波を被らない近隣諸国はないであろう。もしも自暴自棄になった金正恩が体制の瓦解と引き換えに韓国を道連れにしようとするならば、韓国は重大な事態に立たされよう。核弾頭搭載ＩＣＢＭの発射実験に対する米軍による空爆への報復としてだけでなく、日々強まる経済制裁の圧力の下で窮地に立たされた金正恩が韓国侵攻を決断する可能性がある。いずれの道筋を辿っても韓国は大規模な戦闘に巻き込まれかねない。さらに軍事衝突の最終局面で核ミサイル攻撃を金正恩指導部が断行する可能性もある。真っ先に標的となるであろうソウルはおびただしい数の砲弾を浴び経済・社会インフラが破壊され、首都機能を喪失するかもしれない。

わが国にしても軍事衝突の最終局面で金正恩が核ミサイル攻撃の断行を決断することがあれば、重大な事態へと発展しかねない。言葉を変えると、わが国が朝鮮半島有事に巻き込まれる可能性があるのは主にこの場合であろう。確かに主敵と名指しされ猛烈な砲撃に続き機甲部隊の大群が雪崩れ込んでくるだけでなく核ミサイルを撃ち込まれかねない韓国が抱えるリスクに比較すれば、わが国が抱えるリスクは小さいであろう。とは言え、わが国の大都市に照準を合わせ核ミサイルが発射され、一発でも核弾頭が着弾するようなことがあれば、未曾有の災害となりかねない。本文で触れた通り、その命運を握るのはミサイル防衛システムであるが、本当にミサイルを撃ち落せるであろうか。

中国にしても無傷ではいられないであろう。大規模の軍事衝突となれば、膨大な数に上る北朝鮮国民が中朝国境に殺到することが予想される。その際、習近平指導部は無慈悲に国境を封鎖することができようか。それとも難を逃れようとする北朝鮮国民の流入を受け入れるであろうか。また朝鮮人民軍が軍事境界線を突破し韓国領内に雪崩れ込むことになれば、猛反攻に転じた米韓連合軍は遅かれ早かれ軍事境界線を突破して北朝鮮領内に進撃すべきかどうかという判断に迫られよう。

その際、ソウルが甚大な被害に曝されかねないという可能性を踏まえると、軍事境界線で米韓連合軍が止まるということは考え難い。米韓連合軍が境界線を突破して北進する状況の下で、習近平指導部が自らの軍事介入を真剣に検討せざるをえなくなるのは当然の成り行きであろう。その際、作戦行動について米韓連合軍と大雑把であれ合意がないと、北朝鮮領内で米中両軍が相対峙しかねない局面に発展することも考えられよう。

金正恩指導部が対米ＩＣＢＭを完成しないかぎり、米国本土が直接、北朝鮮の核の脅威に曝されることはないとは言え、米領グアム島、ハワイ州、アラスカ州は射程に捉えられるであろう。それゆえに、どのようなことがあっても対米ＩＣＢＭの完成までトランプは待つことはできないということになる。

米朝間で睨み合いが続く中、『朝鮮中央通信』は二〇一七年一一月四日、「朝鮮民主主義人民共和国が国家核戦力の完成という終着点に近づいた」と言明した。ここに至り、金正恩指導部が「国家核戦力の完成」という文言を吹聴した主旨は、対米核攻撃能力を獲得したがゆえにトランプは北朝鮮の核保有を認め米朝核交渉に応ぜよということであろう。と言うことは、九月二一日に李容浩外相が示唆した太平洋上での水爆実験という方策に対し戦術転換を図っているかのような印象を与える。

対米ＩＣＢＭの完成を宣言した後、米朝核交渉に入るという当初の道筋ではなく、「国家核戦力の完成」に近づいたとトランプを揺さ振り、米朝核交渉を呼び掛ける戦術であると見て取れる。この背景には、ＩＣＢＭの完成に向け「弾頭小型化」や「再突入技術」など技術上の課題の克服が依然として覚束ないことに加えて、核弾頭搭載ＩＣＢＭの発射実験を行うことがあれば、米軍による先制攻撃を受けかねない可能性が高いと金正恩が認識しているからであろう。

既述の通り、空爆に対し大規模報復に打って出れば、米韓連合軍による猛反攻に曝され体制崩壊へと続く坂道を転げ落ちかねない。こうしたことを勘案すれば、「国家核戦力の完成」という名を借り対米核攻撃能力を獲得したとして米朝核交渉に臨みたい本音を表わしたものであると捉えることもできよう。しかしそうした金正恩の企みに簡単に欺かれるようなトランプではない。核保有の限定容認を示唆する米国内での一部の見解を煽ることがあっても、トランプが動じることはないであろう。

ＩＣＢＭ発射実験に対し空爆によりＩＣＢＭを叩く結果として大規模な軍事衝突に至ることがあれば、その後の展開は既述の通り概ね推察できよう。金正恩の目論見を頓挫させることができる反面、その結果として招来しかねない近隣諸国が被りかねない人的・物的被害の規模を踏まえると、トランプも言動を慎重にする必要があろう。

案じられるのはトランプが度を越した挑発ともとれる激しい言葉を吹聴していることである。二〇一七年一一月八日に韓国議会で金正恩に対し、「我々を甘くみるな。我々を試そうとするな」と語ったところはよかったが、「北朝鮮はお前の爺さんが思い描いた楽園ではない。誰も経験するいわれのない地獄である」と言い放ったのはいささか余計に聞こえた。トランプ演説の背景にどのような目算があったのか明らかでないとしても、そうした文言は度が過ぎた挑発であり、九月一五日以降何とか自重している感のある金正恩を再び呼び覚ますようなものである。

これといった安全保障上の脅威をサダム・フセインが米国に与えていたわけではなかったにもかかわらず、見切り発車の格好で突き進んでしまった二〇〇三年三月開戦のイラク戦争が戦後に米国社会にもたらした重い後遺症を斟酌するとき、もう少しブッシュ達は行動に慎重であるべきであったはずである。フセインという手が付けられない独裁者の排除に成功したとはいえ、そのために二十数万という軍隊の派兵や膨大な額に上る戦費が必要であったかは未だに疑問である。

これに対し、金正恩の決断一つで韓国、日本、米国に甚大な脅威と災害を与えうることを踏まえると、金正恩というこれまた手が付けられない独裁者を「斬首作戦」の名の下に排除しようとする論理にはそれなりの論拠があろう。しかし一度、米朝開戦に至ることがあれば、それを止めることは容易ではない。もしも大規模な軍事衝突が勃発することがあれば、対米核攻撃能力の獲得を目論んだ金正恩に責任の所在があるとしても、大破局とも言える破壊、殺戮、荒廃、惨状に見舞われかねない可能性を熟慮すると、軍事衝突の回避に向けて何故、真摯に尽力しなかったのかと、後の時代において厳しく問われることになりかねない。

朝鮮半島だけに止まらず北東アジアの近隣諸国を巻き込んだ破滅的な大災害をもたらしかねないことを踏まえ、トランプを初め指導者達は言動に慎重になってもらいたい。言葉の脅し合いを繰り広げ臨戦態勢を続けることがあれば、遅かれ早かれ朝鮮半島は制御不能の局面に陥る可能性が高い。米朝間の対話には確かに難しいものがあるとしても、軍事衝突の回避に向けての最後の鍵を対話が握っていることは確かであろう。対話の可能性を最後まで残しておかなければならないことは言うまでもない。

最後に、多くの方からご指導を頂いてきた。この場をお借りして、謝意を表したい。本書は『北朝鮮危機の歴史的構造 1945-2000』、『北朝鮮「終りの始まり」2001-2015』に続く北朝鮮核・ミサイル危機に関する三冊目の著作である。いずれも論創社から刊行させて頂いた。本書の刊行にあたっても、論創社社長の森下紀夫様から格別のご理解と支援を頂いた。改めて感謝したい所存である。

二〇一七年十一月

斎藤　直樹

(22) この点について、前掲書『北朝鮮「終りの始まり」2001-2015』344～347頁。

(23) 同報道について、"Crucial Statement of KPA Supreme Command," *KCNA*, (February 23, 2016.)

(24) 日本を激しく恫喝する『朝鮮中央通信』報道について、"Japan's Aim in Spreading Story about Crisis on Korean Peninsula Disclosed," *KCNA*, (May 2, 2017.)

(25) 同報道について、"KAPPC Spokesman on DPRK Stand toward UNSC 'Sanctions Resolution'," *KCNA*, (September 13, 2017.)

Solution Needed for NK Nuke Issue,"*Global Times*,（April 22, 2017.）

（13） 王毅の発言について、"China Calls on N Korea to Suspend Missile and Nuclear Tests," *BBC*,（March 8, 2017.）

（14） 王毅の言及について、「中国外相「朝鮮半島は嵐の前夜、戦争が起きれば誰も勝者になりえない」」『ハンギョレ新聞』（2017年4月15日）。

（15） 六ヵ国協議について、斎藤直樹『北朝鮮「終りの始まり」2001～2015』（論創社・2016年）207～358頁。

（16） 「責任ある核保有国」との言及について、"DPRK Proves Successful in H-bomb Test," *KCNA*,（January 6, 2016.）；and "Decision of Seventh Congress of WPK Adopted," *KCNA*,（May 8, 2016.）

（17） 米朝食糧・凍結合意について、"DPRK Foreign Ministry Spokesman on Result of DPRK-U.S. Talks," *KCNA*,（February 29, 2012.）；and "Wary Steps Forward with North Korea," Council on Foreign Relations,（March 1, 2012.）

（18） オバマ政権による米朝食糧・凍結合意の無効宣言について、"North Korean Launch Fails, Pyongyang Admits Test of Rocket Collapses；U.S. Condemns 'Provocative Action'," *Wall Street Journal*,（April 13, 2012.）

（19） 同報告書について、Mike Mullen, Sam Nunn, Adam Mount, and others, "Task Force Report：A Sharper Choice on North Korea, Engaging China for a Stable Northeast Asia," Independent Task Force Report No. 74, CFR,（September 16, 2016.）

（20） トランプの発言について、"Trump Says He'd Meet with Kim Jong Un under Right Circumstances," *Bloomberg*,（May 2, 2017.）

（21） この点について、前掲書『北朝鮮危機の歴史的構造 1945～2000』321～328頁。

reh,（July 12, 2017.）

（4） 金正恩の目論見について、「<Mr. ミリタリー>あきれるトランプ、さらにあきれる金正恩（2）」『中央日報』（2017年8月4日）。

（5） 同声明について、“KAPPC Spokesman Urges U.S. to Pay Heed to DPRK's Warning,” *KCNA*,（August 2, 2017.）

（6） ティラーソンの言明について、“Statement by Secretary Tillerson,” Press Statement, Rex W. Tillerson, Secretary of State, Washington, DC,（July 4, 2017.）

（7） この点について、「中国、「一帯一路」国際会議を汚した北朝鮮に強い不快感（1）」『中央日報』（2017年5月15日）。

（8） 第六回核実験を伝える『朝鮮中央通信』報道について、“DPRK Nuclear Weapons Institute on Successful Test of H-bomb for ICBM,” *KCNA*,（September 3, 2017.）

（9） 李容浩発言について、「北朝鮮外相「（超強硬措置は）太平洋での歴代級の水素爆弾試験」発言？」『中央日報』（2017年9月22日）。

（10） 空爆作戦に対する賛否について、“North Korea：Donald Trump Pre-emptive Attack would be ‘a Big Mistake’,” news.com.au.；“Bob Corker Says Trump's Recklessness Threatens ‘World War III’,” *New York Times*,（October 8, 2017.）；and “Republicans Want Trump to Go to War with North Korea before Kim Jong Un Attacks the U.S, New Poll Shows,” *Newsweek*,（October 12, 2017.）

（11） 「火の海」に変えるとの恫喝について、“DPRK will Show in Practice its Warning is not Empty Talk：CPRK,” *KCNA*,（March 23, 2016.）；and “Kim Jong Un Guides Large-scale Intensive Striking Drill of Long-range Artillery Pieces,” *KCNA*,（March 25, 2016.）

（12） 軍事介入を明言する『環球時報』論説について、“Realistic

(79) 「深化組事件」について、前掲書『なぜ北朝鮮は孤立するのか』72～76頁。「金正恩氏の後見人、張成沢氏は冷血な忠臣　2万5千人粛清の総責任者！」『産経ニュース』(2014年1月14日)。

(80) 「経済管理改善措置」について、金尚基「金正日時代における北朝鮮の経済政策～変化過程と評価～」総合研究開発機構(2003年7月) 30～37頁。Ihk-pyo Hong, "A Shift toward Capitalism? Recent Economic Reforms in North Korea," *East Asia Review*, vol. 14, (Winter 2002.) pp. 94-98.

(81) デノミの実施について、Dick K. Nanto and Emma Chanlett-Avery, "North Korea : Economic Leverage and Policy Analysis," CRS Report for Congress, (January 22, 2010.) p. 30.「北朝鮮、デノミどのように (1) (2)」『中央日報』(2009年12月3日)。前掲書『なぜ北朝鮮は孤立するのか』226～228頁。

(82) 朴南基の粛清について、「北デノミ失敗で朴南基氏銃殺説」『中央日報』(2010年3月19日)。「北、デノミ問責で朴南基氏を平壌で公開銃殺」『中央日報』(2010年4月5日)。前掲書『なぜ北朝鮮は孤立するのか』239頁。

(83) この点について、"Special Report : FAO/WFP Crop and Food Security Assessment Mission to the Democratic People's Republic of Korea," Food and Agriculture Organization/World Food Programme, (November 28, 2013.) p. 29.

第3章　米朝開戦前夜

(1) マティスによる戦争への言及について、"Mattis Says if North Korea Fires at U.S. It could 'Escalate into War'," *Reuters*, (August 15, 2017.)

(2) この点について、斎藤直樹『北朝鮮危機の歴史的構造1945～2000』(論創社・2013年) 67～69頁。

(3) ゲーツの見解について、"Let North Korea Keep some Nukes? Robert Gates Lays out a Vision for a Solution," *Hankyo-*

年2月11日)。

(69) この点について、前掲書『北朝鮮危機の歴史的構造1945-2000』422頁。

(70) 1990年代後半に北朝鮮を見舞った大飢饉について、前掲書『北朝鮮危機の歴史的構造1945-2000』414～417頁。

(71) この可能性について、"3 Million NK Refugees Expected in Crisis : BOK," *Korea Times*, (January 26, 2007.)

(72) この点について、「北朝鮮の人権侵害非難する決議　12年連続で採択＝国連総会」『聯合ニュース』(2016年12月20日)。

(73) 米財務省の決定について、"Treasury Sanctions North Korean Senior Officials and Entities Associated with Human Rights Abuses," Treasury's Office of Foreign Assets Control (OFAC), U.S. Department of the Treasury, (July 6, 2016.)

(74) チャウシェスク体制の崩壊について、斎藤直樹『現代国際政治史(下)』(北樹出版・2002年) 481～484頁。

(75) 崩壊の可能性を予見したCIA報告書について、"Exploring the Implications of Alternative North Korean Endgames : Result from a Discussion Panel on Continuing Coexistence between North and South Korea," Intelligence Report, CIA, (January 21, 1998.) 前掲書『北朝鮮危機の歴史的構造1945-2000』417～422頁。

(76) 「太陽政策」について、"The Government of the People's Sunshine Policy toward North Korea and Plans for Implementation," 1999 South Korea Special Weapons : Nuclear, Biological, Chemical and Missile, Proliferation News, FAS. 前掲書『北朝鮮危機の歴史的構造1945-2000』460～464頁。

(77) 「苦難の行軍」について、前掲書『北朝鮮「終りの始まり」2001-2015』109～110頁。

(78) 徐寛熙の粛清について、平井久志『なぜ北朝鮮は孤立するのか』(新潮社・2010年) 71～72頁。

監訳『北朝鮮は、いま』（岩波書店・2007年）29～35頁。平井久志『なぜ北朝鮮は孤立するのか』（新潮社・2010年）88～90頁。Byung Chul Koh, "Military-First Politics and Building a 'Powerful and Prosperous Nation'in North Korea,"Nautilus Institute Policy Forum Online,（April 14, 2005.）前掲書『北朝鮮「終りの始まり」2001-2015』114頁。

（62） 朝鮮労働党中央委員会全員会議において採択された「経済建設と核武力建設の並進路線」について、"Report on Plenary Meeting of WPK Central Committee," *KCNA*,（March 31, 2013.）

（63） 2012年に起きた金正恩暗殺未遂事件について、"Attempt to Kill Jong-un Took Place in 2012: Source," *JoongAng Ilbo*,（March 14, 2013.）

（64） 軍事クーデターについて、徐大粛『金日成～思想と政治体制』訳・林茂（御茶の水書房・1992年）255～256頁。前掲書『北朝鮮「虚構の経済」』115頁。前掲書『北朝鮮「終りの始まり」2001-2015』74～75頁。

（65） 張成沢の供述とされるものについて、"Traitor Jang Song Thaek Executed," *KCNA*,（December 13, 2013.）

（66） この点について、「張成沢氏の粛清引き金　宴会で取り巻きが「万歳!」の痛恨ミス」『NEWSポストセブン』（2014年1月16日）。

（67） 玄永哲の粛清について、「北朝鮮軍ナンバー2の玄永哲、居眠り理由に粛清（1）（2）」『中央日報』（2015年5月13日）。「【社説】金正恩の恐怖政治の終わりはどこなのか」『中央日報』（2015年5月14日）。朴斗鎮「玄永哲粛清で露呈した金正恩の未熟な統治力」（コリア国際研究所）（2015年5月25日）。チェ・ソンミン「北朝鮮で金正恩人気急落　金正恩の恐怖政治に「期待」より「憂慮」」（コリア国際研究所）（2015年5月31日）。

（68） 李永吉の粛清への憶測について、「玄永哲処刑から10カ月で…金正恩がまた軍核心を粛清する「恐怖政治」」『中央日報』（2016

ets Launching Drill of Hwasong Artillery Units of KPA Strategic Force," *KCNA*,（March 7, 2017.）

(51)　『朝鮮中央通信』報道について、"Kim Jong Un Guides Test-fire of Surface-to-surface Medium Long-range Ballistic Missile," *KCNA*,（February 13, 2017.）

(52)　この点について、「韓国安保室長の発表から約5時間でミサイルを撃った北朝鮮」『中央日報』(2017年5月22日)。

(53)　日本を激しく恫喝する『朝鮮中央通信』報道について、"Japan's Aim in Spreading Story about Crisis on Korean Peninsula Disclosed," *KCNA*,（May 2, 2017.）

(54)　同報道について、"KAPPC Spokesman on DPRK Stand toward UNSC 'Sanctions Resolution'," *KCNA*,（September 13, 2017.）

(55)　この点について、"Kim Jong Un Guides Work for Increasing Nuclear Arsenal," *KCNA*,（March 9, 2016.）

(56)　この点について、「< 北核実験 >10キロトンの核爆弾、ソウルに落ちれば最小20万人死亡」『中央日報』(2016年9月11日)。

(57)　マティスの発言について、"Mattis on War in North Korea：'Tragic on an Unbelievable Scale'," *Military. com*,（May 19, 2017.）

(58)　瀬戸際外交について、前掲書『北朝鮮危機の歴史的構造1945～2000』71～72頁。

(59)　この点について、前掲書『北朝鮮危機の歴史的構造1945–2000』438～441頁。

(60)　「経済建設と国防建設の並進路線」の採択について、今村弘子『北朝鮮「虚構の経済」』(集英社・2005年) 117頁。三村光弘「朝鮮における鉱工業の発展」小牧輝夫編『経済から見た北朝鮮北東アジア経済協力の視点から』(明石書店・2010年) 58頁。前掲書『北朝鮮「終りの始まり」2001–2015』77～78頁。

(61)　「先軍政治」の採択について、北朝鮮研究学会編、石坂浩一

ter XI：The Invasion of North Korea, Center of Military History, United States Army, Washington, D.C.,（1992.）p. 197. 前掲書『北朝鮮危機の歴史的構造 1945 ～ 2000』169 頁。

（41）『環球時報』論説について、“Realistic Solution Needed for NK Nuke Issue,”*Global Times*,（April 22, 2017.）

（42）こうした見解について、「中国、米軍が北核施設のみ打撃なら黙認計画」『中央日報』(2016 年 9 月 20 日)。

（43）この点について、前掲書『北朝鮮「終りの始まり」2001-2015』487 ～ 488 頁。

（44）朝鮮戦争の展開について、前掲書『北朝鮮危機の歴史的構造 1945 ～ 2000』115 ～ 234 頁。

（45）この点について、“Crucial Statement of KPA Supreme Command,” *KCNA*,（February 23, 2016.）

（46）ノドンとみられる弾道ミサイルの発射実験について、「北朝鮮の弾道ミサイル発射事案について」首相官邸 (2016 年 8 月 3 日)。

（47「破壊措置命令」の常時発令について、「北朝鮮ミサイル　破壊措置命令、常時発令へ」『毎日新聞』(2016 年 8 月 5 日)。「自衛隊に破壊措置命令　北朝鮮ミサイル警戒　常時迎撃へ 3 カ月更新」『産経ニュース』(2016 年 8 月 8 日)。

（48）ノドンとみられるミサイルの発射実験について、「北朝鮮の弾道ミサイル発射事案について」首相官邸（2016 年 9 月 5 日)。

（49）スカッド ER とみられる弾道ミサイルの発射実験について、「北朝鮮による弾道ミサイル発射事案について（1）（2）」首相官邸（2017 年 3 月 6 日)。「北朝鮮、なぜ在日米軍基地を狙うのか」『中央日報』(2017 年 3 月 7 日)。「【社説】北朝鮮、またミサイル挑発…THAAD を越える代案考えるべき」『中央日報』(2017 年 3 月 7 日)。「北朝鮮「在日米軍打撃する核ミサイル訓練」」『中央日報』(2017 年 3 月 8 日)。「北朝鮮「在日米軍打撃する核ミサイル訓練」」『中央日報』(2017 年 3 月 8 日)。

（50）この点について、“Kim Jong Un Supervises Ballistic Rock-

ber 17, 2015.）

（33）「韓国型ミサイル防衛」について、“South Korea Goes Indigenous for its Missile Defense Needs,” *Diplomat*,（November 7, 2015）；Karen Montague, “A Review of South Korean Missile Defense Programs,” Marshall Institute-Science for Better Public Policy,（March 2014.）「北朝鮮の核ミサイル防衛網を急いで構築しなくては」『中央日報』（2013 年 2 月 17 日）。前掲「北の挑発原点を先制打撃するキルチェーン・KAMD 構築、2 年早まる」。前掲「【社説】自滅を催促する北朝鮮の 5 回目の核実験」。

（34）「大量反撃報復」について、前掲「【社説】自滅を催促する北朝鮮の 5 回目の核実験」。「韓国軍、「大量反撃報復」概念を電撃公開…実際の効果には疑問」『ハンギョレ新聞社』（2016 年 9 月 11 日）。

（35）この点について、“South Korea Stopped US Strike on North Korea,”*AFP*,（May 24, 2000.）

（36）ブッシュ政権の攻撃計画について、“U.S. Speeds Attack Plans for North Korea,” *Washington Times*,（November 3, 2006.）前掲書『北朝鮮「終りの始まり」2001 ～ 2015』289 頁。

（37）1994 年 6 月の危機について、前掲書『北朝鮮危機の歴史的構造 1945 ～ 2000』331 ～ 344 頁。

（38）カーター訪朝について、前掲書『北朝鮮危機の歴史的構造 1945 ～ 2000』353 ～ 373 頁。

（39）ラックによれば、犠牲者総数は百万人を上回り、米国側の犠牲者も十万人にも及びかねない。また全損失額は一兆ドルにも達し、米国の財政負担は千億ドル以上にも跳ね上がりかねない。Don Oberdorfer, *The Two Koreas：A Contemporary History*,（Reading, MA：Addison-Wesley, 1997）p. 324.（ドン・オーバードーファー『二つのコリア』（共同通信社・2007 年）379 頁。）

（40）周恩来の言明について、James F. Schnabel, *United Army in the Korean War, Policy and Direction：The First Year*, Chap-

(25) この点について、「韓米、シミュレーション訓練で北朝鮮指揮部を壊滅」『中央日報』(2016年9月7日)。

(26) 「作戦計画五〇二七(“OPLAN5027”)」の概要について、*op. cit.*, “OPLAN 5027 Major Theater War-West.”

(27) 「作戦計画五〇一五(“OPLAN5015”)」の概要について、“OPLAN 5015,” Global Security. org.「攻撃型「作計」に変更した韓米、北朝鮮が南侵すれば同時先制打撃 (1) (2)」『中央日報』(2015年8月27日)。

(28) 「作戦計画五〇一五」の適用について、前掲「攻撃型「作計」に変更した韓米、北朝鮮が南侵すれば同時先制打撃 (1) (2)」。

(29) 2016年春季の米韓合同軍事演習について、「韓国軍30万人、米軍1万7000人…過去最大規模の連合訓練」『中央日報』(2016年3月7日)。「北朝鮮、西北島嶼挑発の可能性…韓米が初めて「作計5015」適用」『中央日報』(2016年3月8日)。

(30) 同演習について、「韓米、シミュレーション訓練で北朝鮮指揮部を壊滅」『中央日報』(2016年9月7日)。

(31) 任の発言について、「【社説】自滅を催促する北朝鮮の5回目の核実験」『中央日報』(2016年9月10日)。「「金正恩を直接攻撃」の新概念を提示…韓国軍合同参謀本部」『デイリーNK』(2016年9月10日)。

(32) 「キルチェーン」について、「韓米、北ミサイル迎撃「キルチェーン」構築へ」『中央日報』(2012年10月25日)。「北核探知－分析－決心－打撃…注目される韓国軍の “kill chain”」『中央日報』(2013年2月19日)。「韓国、北核攻撃の兆候あれば30分以内に先制打撃」『中央日報』(2013年4月2日)。「北の挑発原点を先制打撃するキルチェーン・KAMD構築、2年早まる」『中央日報』(2016年10月6日)。前掲「【社説】自滅を催促する北朝鮮の5回目の核実験」。“South Korea’s ‘Kill Chain’ for North Korea,” *Korea Times*, (August 14, 2016.); and “Park Geun-hye’s Visit to Washington: Major Takeaways,” *Diplomat*, (Octo-

RS21582,（July 29, 2003.）

（16） 朝鮮人民軍の戦力の概略について、『平成28年度版　日本の防衛（国防白書）』（防衛省・2016年）19～20頁。

（17） 韓国軍の戦力の概略について、前掲書『平成28年版　日本の防衛（国防白書）』20頁。

（18） 在韓米軍の戦力の概略について、前掲書『平成28年版　日本の防衛（国防白書）』20頁。

（19） この点について、「北、兵力70万人を前線配置…開戦3～5日以内に釜山占領戦略」『中央日報』（2013年11月14日）。

（20） この点について、「『北朝鮮軍、軍事境界線付近に兵力集中』『3～5日で釜山占領』韓国軍など分析」Huffington Post,（2013年11月14日）。

（21） ソウル首都圏への攻撃について、「北、2400万人が暮らすソウルを攻撃するための…」『中央日報』（2012年3月29日）。

（22） 朴英朱による「火の海」発言について、"U.S. will Urge U.N. to Plan Sanctions for North Korea," *New York Times*,（March 20, 1994.）；"U.S. to Urge Sanctions for N. Korea," *Los Angeles Times*,（March 20, 1994.）；"U.S. Backs Maneuvers in S. Korea," *Washington Post*,（March 20, 1994.）；and "North Korea Warns of 'Brink of War'," *Washington Post*,（March 23, 1994.）

（23） 「火の海」に変えるとの恫喝について、"DPRK will Show in Practice its Warning is not Empty Talk：CPRK," *KCNA*,（March 23, 2016.）；and "Kim Jong Un Guides Large-scale Intensive Striking Drill of Long-range Artillery Pieces," *KCNA*,（March 25, 2016.）

（24） 奇襲攻撃に力点を置く朝鮮人民軍の軍事作戦の概要について、"Testimonies of North Korean Defectors：Hwang Jang-yop Speaks：Preparations for War in North Korea," National Intelligence Service,（January 1999.）；and *op. cit.*,"OPLAN 5027 Major Theater War-West."

New Year Address," *KCNA*, (January 2, 2017.)

(11) この点について、"Donald Trump Warns China the US is Ready to Tackle North Korea," *Financial Times*, (April 2, 2017.)

(12) イラクのオシラク原子炉に対する空爆作戦について、"Fact-file：How Osirak was bombed,"*BBC*, (June 5, 2006.)；"Osiraq / Tammuz I," Federation of American Scientists.；and "Israel's Air Strike against the Osiraq Reactor：A Retrospective," Temple International and Comparative Law Journal. 斎藤直樹『北朝鮮危機の歴史的構造 1945 ～ 2000』(論創社・2013 年) 340 頁。

(13) イスラエル空軍によるシリア爆撃について、"U.S. Confirms Israeli Strikes Hit Syrian Target Last Week," *New York Times*, (September 12, 2007.)；"Syria may be at Work on Nuclear Facility," *Washington Post*, (September 13, 2007.)；Richard Weitz, "Israeli Air Strike in Syria：International Reactions," Center for Nonproliferation Studies, (November 1, 2007.)；and Leonard S. Spector and Avner Cohen, "Israel's Airstrike on Syria's Reactor：Implications for the Nonproliferation Regime," *Arms Control Today*, (July/August 2008.) 斎藤直樹『北朝鮮「終りの始まり」2001 ～ 2015』(論創社・2016 年) 338 頁。

(14) 李容浩発言について、前掲「北朝鮮外相「(超強硬措置は) 太平洋での歴代級の水素爆弾試験」発言？」。

(15) 朝鮮半島における朝鮮人民軍と米韓連合軍の戦力比較について、John M. Collins, "Korean Crisis,1994：Military Geography, Military Balance, Military Options," Congressional Research Service, CRS Report for Congress, No.94-311S, (April 11, 1994.)；"North Korea Military," National Intelligence Service, (January 1999.)；"OPLAN 5027 Major Theater War-West," Global Security. org.；and Edward F. Bruner, "North Korean Crisis：Possible Military Options,"CRS Report for Congress,

鮮に強い不快感（1）」『中央日報』（2017年5月15日）。

（3） 7月4日の「火星14」型ICBM発射実験について、"Report of DPRK Academy of Defence Science," *KCNA*,（July 4, 2017.）7月28日の「火星14」型ICBM発射実験について、"Kim Jong Un Guides Second Test-fire of ICBM Hwasong-14," *KCNA*,（July 29, 2017.）

（4） 第六回核実験について、"DPRK Nuclear Weapons Institute on Successful Test of H-bomb for ICBM," *KCNA*,（September 3, 2017.）; and "Kim Jong Un Gives Guidance to Nuclear Weaponization," *KCNA*,（September 3, 2017.）

（5） 李容浩発言について、「北朝鮮外相「（超強硬措置は）太平洋での歴代級の水素爆弾試験」発言？」『中央日報』（2017年9月22日）。

（6） 空爆作戦への賛否は大きく分かれている。この点について、"North Korea : Donald Trump Pre-emptive Attack would be 'a Big Mistake'," news.com.au. ; "Bob Corker Says Trump's Recklessness Threatens 'World War III'," *New York Times*,（October 8, 2017.）; and "Republicans Want Trump to Go to War with North Korea before Kim Jong Un Attacks the U.S, New Poll Shows," *Newsweek*,（October 12, 2017.）

（7） 第五回核実験を伝える『朝鮮中央通信』報道について、"DPRK Succeeds in Nuclear Warhead Explosion Test," *KCNA*,（September 9, 2016.）

（8） マレンの発言について、"Ex-US JCS Chief Mentions Pre-emptive Strike on N. Korea for Self-Defense," *KBS World*,（September 17, 2016.）

（9） 同記者会見について、"Press Briefing by the Press Secretary Josh Earnest, 9/22/16," Office of the Press Secretary, White House,（September 22, 2016.）

（10） 2017年の「新年の辞」について、"Kim Jong Un Makes

(111) トランプ演説について、"Remarks by President Trump to the 72nd Session of the United Nations General Assembly," Office of the Press Secretary, White House, (September 19, 2017.)

(112) 金正恩による反駁について、"Statement of Chairman of State Affairs Commission of DPRK," *KCNA*, (September 22, 2017.)

(113) 李容浩発言について、「北朝鮮外相「(超強硬措置は) 太平洋での歴代級の水素爆弾試験」発言?」『中央日報』(2017年9月22日)。

(114) 先制攻撃に対する賛否について、"North Korea: Donald Trump Pre-emptive Attack would be 'a Big Mistake'," news.com.au.; "Bob Corker Says Trump's Recklessness Threatens 'World War III'," *New York Times*, (October 8, 2017.); and "Republicans Want Trump to Go to War with North Korea before Kim Jong Un Attacks the U.S, New Poll Shows," *Newsweek*, (October 12, 2017.)

(115)『朝鮮中央通信』報道は「金正恩が朝鮮人民軍軍種合同打撃示威を監督」という見出しを掲げ、朝鮮人民軍創建八五周年式典での砲撃訓練に立ち会ったことを伝えた。『朝鮮中央通信』報道について、"Kim Jong Un Supervises Combined Fire Demonstration of KPA Services," *KCNA*, (April 26, 2017.)

(116)『環球時報』論説について、*op. cit.*,"Realistic Solution needed for NK Nuke Issue."

(117) この点について、「〈Mr.ミリタリー〉あきれるトランプ、さらにあきれる金正恩 (2)」『中央日報』(2017年8月4日)。

第2章　破局へ向かう展望

(1) 米中首脳会談について、"U.S. Airstrikes in Syria: Fallout around the World," *New York Times*, (April 7, 2017.)

(2) この点について、「中国、「一帯一路」国際会議を汚した北朝

2017.)

（100）『朝鮮中央通信』報道について、“Kim Jong Un Inspects KPA Strategic Force Command,” *KCNA*,（August 15, 2017.）

（101）米韓合同軍事演習を罵倒する『朝鮮中央通信』報道について、“U.S. will be to Blame for Consequences from Joint Military Drill：KPA Panmunjom Mission,” *KCNA*,（August 22, 2017.）

（102）韓国合同参謀本部の発表について、「北戦略軍司令官の予告から方向だけ80度ずらし…IRBM初めての実距離発射」『中央日報』（2017年8月30日）。

（103）『朝鮮中央通信』報道について、“Kim Jong Un Guides Strategic Ballistic Rocket Launching Drill of KPA Strategic Force,” *KCNA*,（August 30, 2017.）

（104）同報道について、“DPRK Nuclear Weapons Institute on Successful Test of H-bomb for ICBM,” *KCNA*,（September 3, 2017.）

（105）日本政府による爆発威力の推量について、「北核実験威力、広島の10倍超…160キロトン」『読売新聞』（2017年9月6日）。

（106）同報道について、“Kim Jong Un Gives Guidance to Nuclear Weaponization,” *KCNA*,（September 3, 2017.）

（107）同決議の採択について、United Nations S/RES/2375（2017）Security Council,（September 12, 2017.）「国連安保理の新たな北朝鮮制裁決議案、全会一致で採択…「石油輸出量制限」」『中央日報』（2017年9月12日）。「北制裁決議が採択…石油関連輸出、3割減と試算」『読売新聞』（2017年9月12日）。

（108）「火星12」型の発射実験について、「金正恩委員長、3700キロ挑発…グアムまでの距離以上」『中央日報』（2017年9月16日）。

（109）同報道について、“Kim Jong Un Guides Hwasong-12 Launching Drill Again,” *KCNA*,（September 16, 2017.）

（110）この点について、前掲「金正恩委員長、3700キロ挑発…グアムまでの距離以上」。

年8月7日)。

(89) この点について、前掲「北朝鮮の輸出33%を遮断…原油封鎖は抜ける」。

(90) この点について、前掲「国連安保理、北朝鮮制裁決議2371号を全会一致で採択」。前掲「北朝鮮の輸出33%を遮断…原油封鎖は抜ける」。

(91) この点について、前掲「北朝鮮の輸出33%を遮断…原油封鎖は抜ける」。

(92) この点について、前掲「【社説】超強力な国連の対北朝鮮制裁…中朝の密貿易から阻止を」。

(93) 決議二三七一を糾弾する朝鮮民主主義人民共和国政府声明について、"Statement of DPRK Government," *KCNA*, (August 7, 2017.)

(94) トランプの発言について、"Remarks by President Trump before a Briefing on the Opioid Crisis," Office of the Press Secretary, White House, (August 8, 2017.)

(95) グアム包囲射撃計画を伝える『朝鮮中央通信』報道について、"U.S. Should be Prudent under Present Acute Situation : Spokesman for KPA Strategic Force," *KCNA*, (August 9, 2017.)

(96) トランプの発言について、"Trump on North Korea Feud : 'Fire and Fury' not Tough Enough," *NBC News*, (August 10, 2017.) ; and "Trump Says 'Fire and Fury' Warning 'not Tough Enough'," *BBC News*, (August 10, 2017.)

(97) 『環球時報』論説について、"Reckless Game over the Korean Peninsula Runs Risk of Real War," *Global Times*, (August 10, 2017.)

(98) 米軍による空爆の黙認を示唆する『環球時報』の論説について、*op. cit.*,"Realistic Solution Needed for NK Nuke Issue."

(99) マティスによる警告について、"Mattis Says if North Korea Fires at U.S. It could 'Escalate into War'," *Reuters*, (August 15,

(80) 7月4日の「火星14」型ICBM発射実験を伝える『朝鮮中央通信』報道について、"Report of DPRK Academy of Defence Science," *KCNA*,（July 4, 2017.）

(81) 7月5日の『朝鮮中央通信』報道について、"Kim Jong Un Supervises Test-launch of Inter-continental Ballistic Rocket Hwasong-14," *KCNA*,（July 5, 2017.）

(82) この点について、「韓米日、火星-14型の大気圏再突入は失敗と結論」『中央日報』（2017年8月13日）。

(83) この点について、*op. cit.*, "Kim Jong Un Supervises Test-launch of Inter-continental Ballistic Rocket Hwasong-14."

(84) 7月28日の「火星14」型ICBM発射実験について、"Kim Jong Un Guides Second Test-fire of ICBM Hwasong-14," *KCNA*,（July 29, 2017.）

(85) 2017年の「新年の辞」を伝える『朝鮮中央通信』報道について、"Kim Jong Un Makes New Year Address," *KCNA*,（January 2, 2017.）

(86) 「再突入技術」確立への疑義について、前掲「韓米日、火星-14型の大気圏再突入は失敗と結論」。

(87) 『朝鮮中央通信』報道について、"KAPPC Spokesman Urges U.S. to Pay Heed to DPRK's Warning," *KCNA*,（August 2, 2017.）

(88) 決議二三七一について、United Nations S/RES/2371（2017）Security Council,（August 5, 2017.）；"FACT SHEET：Resolution 2371（2017）Strengthening Sanctions on North Korea," US Mission to the UN,（August 5, 2017.）；and "UN Security Council Imposes New Sanctions on North Korea," *CNN*,（August 6, 2017.）「国連安保理、北朝鮮制裁決議2371号を全会一致で採択」『中央日報』（2017年8月6日）。「【社説】超強力な国連の対北朝鮮制裁…中朝の密貿易から阻止を」『中央日報』（2017年8月7日）。「北朝鮮の輸出33%を遮断…原油封鎖は抜ける」『中央日報』（2017

争が起きれば誰も勝者になりえない」」『ハンギョレ新聞』(2017年4月15日)。

(69) 軍事パレードを伝える『朝鮮中央通信』報道について、"Military Parade, Public Procession Mark 105th Birth Anniversary of Kim Il Sung," *KCNA*, (April 15, 2017.)

(70) この点について、「中国、「一帯一路」国際会議を汚した北朝鮮に強い不快感 (1)」『中央日報』(2017年5月15日)。

(71) 『朝鮮中央通信』報道について、"Are You Good at Dancing to Tune of Others：Jong Phil,"*KCNA*, (April 21, 2017.)

(72) 『環球時報』論説について、"NK State Media's Broadside won't Impact China Policy,"*Global Times*, (April 23, 2017.)

(73) 『環球時報』論説について、"Realistic Solution needed for NK Nuke Issue,"*Global Times*, (April 22, 2017.)

(74) 砲撃訓練を伝える『朝鮮中央通信』報道について、"Kim Jong Un Supervises Combined Fire Demonstration of KPA Services," *KCNA*, (April 26, 2017.)

(75) トランプの言及について、"Trump Warns That 'Major, Major Conflict' with North Korea is Possible," *New York Times*, (April 27, 2017.)

(76) この点について、前掲「中国、「一帯一路」国際会議を汚した北朝鮮に強い不快感 (1)」。

(77) 文在寅の大統領就任演説について、「〈第19代大統領・文在寅〉就任の挨拶「韓半島の平和のためワシントン・北京・東京・平壌にも行く」」『中央日報』(2017年5月10日)。

(78) この点について、「北朝鮮、文政権発足5日で「核強国」主張…「新型中長距離ミサイルの発射に成功」」『中央日報』(2017年5月15日)。

(79) 「火星12」型の発射実験を伝える『朝鮮中央通信』報道について、"Kim Jong Un Guides Test-Fire of New Rocket," *KCNA*, (May 15, 2017.)

「北朝鮮による弾道ミサイル発射事案について（1）（2）」首相官邸（2017年3月6日）。「北朝鮮、なぜ在日米軍基地を狙うのか」『中央日報』（2017年3月7日）。「【社説】北朝鮮、またミサイル挑発…THAADを越える代案考えるべき」『中央日報』（2017年3月7日）。「北朝鮮「在日米軍打撃する核ミサイル訓練」」『中央日報』（2017年3月8日）。

(59) 同報道について、"Kim Jong Un Supervises Ballistic Rockets Launching Drill of Hwasong Artillery Units of KPA Strategic Force," *KCNA*,（March 7, 2017.）

(60) 王毅の発言について、"China Calls on N Korea to Suspend Missile and Nuclear Tests," *BBC*,（March 8, 2017.）

(61) この点について、"US Dismisses China Proposal on N Korea Military Halt," *BBC*,（March 9, 2017.）

(62) ティラーソンの言及について、"Tillerson doesn't Rule Out Preemptive Strike on North Korea," *Bloomberg*,（March 17, 2017.）

(63) この点について、「「北が核実験なら「外交資産用いて懲罰的措置」＝韓国外相」」『聯合ニュース』（2017年4月13日）。

(64) トランプの発言について、Donald Trump Warns China the US is Ready to Tackle North Korea, *Financial Times*,（April 2, 2017.）

(65) トランプの発言について、"Trump Tells Japan 'all Options on the Table' in face of North Korea Provocation, *guardian*,（April 6, 2017.）

(66) シリア空爆について、"U.S. Airstrikes in Syria：Fallout around the World," *New York Times*,（April 7, 2017.）

(67) 同爆弾の投下について、"Donald Trump's Afghanistan 'Mother of all Bombs' Shows US President's Interventionist Side, Experts Say," *ABC News*,（April 22, 2017.）

(68) 王毅の言及について、「中国外相「朝鮮半島は嵐の前夜、戦

(51)　新型ミサイルの発射実験について、「北朝鮮による弾道ミサイル発射事案について（1）（2）」首相官邸（2017年2月12日）。「北朝鮮、金総書記生誕記念日を控えて弾道ミサイル発射」『中央日報』（2017年2月12日）。「【社説】北朝鮮がムスダン発射挑発、THAADの早期配備を」『中央日報』（2017年2月13日）。「北ミサイルの固体燃料使用で…把握も先制打撃も難しく」『中央日報』（2017年2月14日）。「「韓国国家情報院「北朝鮮ミサイル、45度の角度で発射していたら射程距離2000キロ以上に」」『中央日報』（2017年2月15）。「北朝鮮「北極星2型」射程距離2000キロ越える…沖縄も射程圏」『中央日報』（2017年2月15日）。

(52)　『朝鮮中央通信』報道について、"Kim Jong Un Guides Test-fire of Surface-to-surface Medium Long-range Ballistic Missile," *KCNA*,（February 13, 2017.）

(53)　同事件について、「【社説】行くところまで行った北朝鮮…金正男氏まで毒針殺害するとは」『中央日報』（2017年2月15日）。

(54)　『朝鮮中央通信』報道について、"U.S., S. Korea's Absurd Sophism against DPRK over its Citizen's Death abroad Blasted," *KCNA*,（March 1, 2017.）

(55)　石炭輸入の停止について、"China Suspends All Coal Imports from North Korea," *New York Times*,（February 18, 2017.）

(56)　米韓合同軍事演習について、「韓米きょうから合同野外機動訓練　米原子力空母も展開」『聯合ニュース』（2017年3月1日）。「韓国軍「挑発すれば懲らしめる」　北の「超強硬対応」威嚇に」『聯合ニュース』（2017年3月2日）。「韓米合同軍事演習始まる　米戦略兵器で北朝鮮を威嚇」『聯合ニュース』（2017年3月13日）。

(57)　『朝鮮中央通信』報道について、"KPA General Staff Warns Aggressors of Merciless Nuclear Counter-action of Justice," *KCNA*,（March 2, 2017.）

(58)　スカッドERとみられる弾道ミサイルの発射実験について、

て、"Kim Jong Un Receives Congratulatory Message from Xi Jinping," *KCNA*,(May 10, 2016.)

(42) 金正恩の国務委員長就任への習近平による祝電について、"Congratulations to Kim Jong Un from Chinese President," *KCNA*,(July 2, 2016.)

(43) 習近平と李洙墉の会談について、"WPK Delegation Meets General Secretary of CPC Central Committee," *KCNA*,(June 2, 2016.)

(44) この点について、前掲「北朝鮮の核除去で新たな対応を見せはじめた米国」。

(45) 同演習について、「韓米、シミュレーション訓練で北朝鮮指揮部を壊滅」『中央日報』(2016年9月7日)。

(46) 米地質調査所の計測について、"M 5.3 Nuclear Explosion-23km ENE of Sungjibaegam, North Korea," United States Geological Survey,(September 9, 2016.)

(47) 第5回核実験を伝える『朝鮮中央通信』報道について、"DPRK Succeeds in Nuclear Warhead Explosion Test," *KCNA*,(September 9, 2016.)

(48) 安保理事会決議二三二一について、United Nations S/RES/2321 (2016) Security Council,(November 30, 2016.); and Security Council Strengthens Sanctions on Democratic Republic of Korea, Unanimously Adopting Resolution 2321 (2016), SC/12603,(November 30, 2016.)「【社説】国連安保理の対北朝鮮決議の成敗、中国にかかっている」『中央日報』(2016年12月2日)。

(49) 2017年の「新年の辞」を伝える『朝鮮中央通信』報道について、"Kim Jong Un Makes New Year Address," *KCNA*,(January 2, 2017.)

(50) トランプの反発について、"Trump: North Korea Intercontinental Missile 'won't Happen'," *BBC*,(January 3, 2017.)

New Multiple Launch Rocket System."

(33) 同演習について、「韓米、シミュレーション訓練で北朝鮮指揮部を壊滅」『中央日報』(2016年9月7日)。

(34) 金正恩の苛立ちについて、"Spokesman for KPA General Staff Clarifies Principled Stand on Nuclear War Drill against DPRK," *KCNA*, (August 22, 2016.); and "DPRK FM Spokesman Lashes at Ulji Freedom Guardian," *KCNA*, (August 22, 2016.)

(35) 8月3日のノドンの試射への日本政府発表について、「北朝鮮の弾道ミサイル発射事案について」首相官邸(2016年8月3日)。

(36) 9月5日のノドンの試射への政府発表について、「北朝鮮の弾道ミサイル発射事案について」首相官邸(2016年9月5日)。

(37) THAADシステム配備の決定について、*op. cit.,* "South Korea and U.S. Agree to Deploy Missile Defense System."

(38) 中露両国の警戒心について、Russia, China React Angrily as U.S. to Put Anti-missile THAAD System in South Korea," *Washington Times,* (July 8, 2016.); "Why the U.S.-South Korea Missile Shield could Provoke China to Develop Advanced Weaponry," *WORLDPOST*, (August 16, 2016.); "China and Russia's Angry Response to THAAD: Why and What it Means for the United States," *Georgetown Security Studies Review*, (October 3, 2016.)

(39) 国際仲裁裁判所の裁定について、"PCA Press Release: The South China Sea Arbitration (The Republic of the Philippines v. The People's Republic of China), PCA-CPA, (July 12, 2016.); and "Tribunal Rejects Beijing's Claims in South China Sea," *New York Times,* (July 12, 2016.)

(40) この点について、"Beijing Rejects Tribunal's Ruling in South China Sea Case," *Guardian*, (July 12, 2016.)

(41) 金正恩の朝鮮労働党委員長就任への習近平による祝電につい

年3月8日)。「韓国軍30万人、米軍1万7000人…過去最大規模の連合訓練」『中央日報』(2016年3月7日)。「トクスリ訓練」について、前掲「韓国軍30万人、米軍1万7000人…過去最大規模の連合訓練」。前掲「北朝鮮、西北島嶼挑発の可能性…韓米が初めて「作計5015」適用(1)(2)」。

(25) 「作戦計画五〇一五("OPLAN5015")」の概要について、"OPLAN 5015," Global Security. org.

(26) 「作戦計画五〇二七("OPLAN5027")」の概要について、"OPLAN 5027 Major Theater War-West," Global Security. org.

(27) 例えば、"DPRK will Show in Practice its Warning is not Empty Talk: CPRK," *KCNA*, (March 23, 2016.); and "Kim Jong Un Guides Large-scale Intensive Striking Drill of Long-range Artillery Pieces," *KCNA*, (March 25, 2016.)

(28) 打撃対象について、"Crucial Statement of KPA Supreme Command," *KCNA*, (February 23, 2016.)

(29) この点について、"Kim Jong Un Guides Work for Increasing Nuclear Arsenal," *KCNA*, (March 9, 2016.)

(30) 2016年3月4日に『朝鮮中央通信』は「金正恩が新型大口径放射砲試験射撃を指導」との見出しで、新型の大口径多連装ロケット砲の試射を伝えた。同報道について、"Kim Jong Un Guides Test-fire of New Multiple Launch Rocket System," *KCNA*, (March 4, 2016.) 続いて、「金正恩が新型大口径ロケット砲システムの射撃をまたもや指導」という見出しで、金正恩が新型多連装ロケット砲の発射実験を視察したことを『朝鮮中央通信』が3月22日に伝えた。同報道について、"Kim Jong Un again Guides Fire of New Type Large-caliber Multiple Rocket Launching System," *KCNA*, (March 22, 2016.)

(31) 移動式発射様式の弾道ミサイルの開発について、前掲書『平成28年度版　日本の防衛(防衛白書)』25～30頁。

(32) 同報道について、*op. cit.*, "Kim Jong Un Guides Test-fire of

鮮の核除去で新たな対応を見せはじめた米国」コリア国際研究所（2016年10月5日）。

(17) 「責任ある核保有国」に言及する『朝鮮中央通信』報道について、*op. cit.*,"DPRK Proves Successful in H-bomb Test."; and "Decision of Seventh Congress of WPK Adopted," *KCNA*, (May 8, 2016.)

(18) 「並進路線」の採択について、*op. cit.*, "Report on Plenary Meeting of WPK Central Committee."

(19) 2012年2月の米朝食糧・凍結合意について、"DPRK Foreign Ministry Spokesman on Result of DPRK-U.S. Talks," *KCNA*, (February 29, 2012.); "Wary Steps Forward with North Korea," Council on Foreign Relations, (March 1, 2012.); and Peter Crail, "N. Korea Agrees to Nuclear Halt," *Arms Control Today*, (March 2012.)

(20) オバマ政権による米朝食糧・凍結合意の無効宣言について、"North Korean Launch Fails, Pyongyang Admits Test of Rocket Collapses; U.S. Condemns 'Provocative Action'," *The Wall Street Journal*, (April 13, 2012.)

(21) わが国のミサイル防衛について、『(平成28年度版) 日本の防衛（国防白書)』防衛省（2016年）290～291頁。

(22) THAADシステム導入の決定について、"South Korea and U.S. Agree to Deploy Missile Defense System," *New York Times*, (July 7, 2016.)「韓米「早期にTHAADを在韓米軍に配備」」『中央日報』(2016年7月8日)。「〈THAAD〉青瓦台、「自衛的防御措置」を再確認」『中央日報』(2016年7月11日)。

(23) 「敵基地攻撃」について、斎藤直樹「北朝鮮危機と「敵基地攻撃」についての一考察」『人文科学』第23号（2008年3月）127～150頁。

(24) 「キー・リゾルブ演習」について、「北朝鮮、西北島嶼挑発の可能性…韓米が初めて「作計5015」適用(1)(2)」『中央日報』(2016

報道によると、「朝鮮民主主義人民共和国国家宇宙開発局の科学者達と技術者達は国家宇宙開発五ヵ年計画により、新たに開発した地球観測衛星「光明星 4」号を軌道に進入させることに成功した。」同報道について、“DPRK National Aerospace Development Administration Releases Report on Satellite Launch,” *KCNA*,（February 7, 2016.）

（14） 安保理事会決議二二七〇について、United Nations S/RES/2270（2016）Security Council,（March 2, 2016.）Resolution 2270（2016）Adopted by the Security Council at its 7638th meeting, on 2 March 2016.；Security Council Imposes Fresh Sanctions on Democratic People's Republic of Korea, Unanimously Adopting Resolution 2270,” Security Council,（March 2, 2016.）；and Arms Control Association, “UN Security Council Resolutions on North Korea：FACT SHEETS & BRIEFS,”（Updated：March 2016.）

（15） 五件の決議について以下を参照。安保理事会決議一六九五について、United Nations S/RES/1695（2006）Security Council,（July 15, 2006.）斎藤直樹『北朝鮮「終りの始まり」2001-2015』（論創社・2013 年）272 ～ 273 頁。安保理事会決議一七一八について、United Nations S/RES/1718（2006）Security Council,（October 14, 2006.）前掲書『北朝鮮「終りの始まり」2001-2015』287 ～ 293 頁。安保理事会決議一八七四の採択について、United Nations S/RES/1874（2009）（June 12, 2009.）前掲書『北朝鮮「終りの始まり」2001-2015』366 ～ 368 頁。安保理事会決議二〇八七の採択について、United Nations S/RES/2087（2013）（January 22, 2013.）前掲書『北朝鮮「終りの始まり」2001-2015』420 頁。安保理事会決議二〇九四の採択について、United Nations S/RES/2094（2013）（March 7, 2013.）前掲書『北朝鮮「終りの始まり」2001-2015』422 ～ 423 頁。

（16） 中国による経済制裁の履行の曖昧さについて、朴斗鎮「北朝

Expect China to Punish North Korea for Latest Nuclear Test," *New York Times*, (September 11, 2016.); and Jayshree Bajoria, "The China-North Korea Relationship," CFR, (Updated: July 21, 2009.)

(9) 第四回地下核実験を伝える『朝鮮中央通信』報道について、"DPRK Proves Successful in H-bomb Test," *KCNA*, (January 6, 2016.)

(10) 米地質調査所の計測について、"M 5.1 Nuclear Explosion-21km ENE of Sungjibaegam, North Korea," United States Geological Survey, (January 6, 2016.)

(11) この点について、"Nuclear Confusion: The Data Suggest North Korea's 'H–Bomb' Isn't," Scientific American, (January 6, 2016.); and "North Korea Nuclear H-bomb Claims Met by Skepticism," *BBC News*, (January 6, 2016.)

(12) 原爆は高濃縮ウラン、あるいはプルトニウムを瞬時に爆縮させることにより核分裂反応を引き起こし、大量の熱エネルギーを放出させる。これに対し、水爆は原爆を起爆装置として用いる。その際、重水素や三重水素による核融合を引き起こし、原爆の千倍もの莫大な熱エネルギーを放出する。他方、「ブースト型原爆」は原爆装置の中心に微量の重水素と三重水素が混合したガスを送り込み、核融合反応を起こさせプルトニウムの核分裂反応を劇的に加速させ、爆発威力を著しく高める。こうしたことから、原爆に比較して爆発威力を格段に大きくすることが可能である。「ブースト型原爆」は技術的に原爆から水爆に移行する中間段階に相当すると考えられている。「ブースト型原爆」について、"North Korea Claims it Tested Hydrogen Bomb but is Doubted," *New York Times*, (January 6, 2016.); and "Yes, North Korea Probably Tested an H-Bomb-Just not the Kind You're Thinking of," *VICE News*, (January 8, 2016.)

(13) 北朝鮮国家宇宙開発局の報告を伝える翌日の『朝鮮中央通信』

注

第1章　破局へ突き進む金正恩の一人独裁体制

（1）金正恩の党委員長就任について、“Kim Jong Un Elected Chairman of WPK,” *KCNA*,（May 10, 2016.）

（2）国務委員長就任について、“Fourth Session of 13th SPA Held in DPRK in Presence of Kim Jong Un,” *KCNA*,（June 29, 2016.）

（3）「経済建設と核武力建設の並進路線」の採択について、“Report on Plenary Meeting of WPK Central Committee,” *KCNA*,（March 31, 2013.）

（4）近年の経済成長率の低迷について、「2015年度　最近の北朝鮮経済に関する調査」日本貿易振興機構（ジェトロ）海外調査部、委託先：東アジア貿易研究会（2016年3月）5～6頁。近年の貿易額の微減について、前掲「2015年度　最近の北朝鮮経済に関する調査」123頁。近年の外資導入の低迷について、「2014年度　最近の北朝鮮経済に関する調査」日本貿易振興機構（ジェトロ）海外調査部、委託先：東アジア貿易研究会（2015年3月）78～79頁。

（5）六ヵ国協議について、斎藤直樹『北朝鮮「終りの始まり」2001-2015』（論創社・2016年）207～358頁。

（6）米朝食糧・凍結合意について、“DPRK Foreign Ministry Spokesman on Result of DPRK-U.S. Talks,” *KCNA*,（February 29, 2012.）; and “Wary Steps Forward with North Korea,” Council on Foreign Relations,（March 1, 2012.）

（7）この点について、前掲「2015年度　最近の北朝鮮経済に関する調査」123～124頁。ただし2014年以降、中朝貿易額は減少傾向にある。

（8）中国産石油への北朝鮮の著しい依存の実態について、“Few

斎藤直樹（さいとう　なおき）
1977年3月、慶應義塾大学法学部政治学科卒業。
1979年3月、慶應義塾大学大学院法学研究科修士課程修了。
1987年7月、マイアミ大学国際問題大学院博士課程（the Graduate School of International Studies, the University of Miami）修了。
国際学博士号（Ph. D. in International Studies）取得。
現在：山梨県立大学教授、慶應義塾大学兼任講師、神田外国語大学兼任講師、日本国際フォーラム上席研究員など。
専攻：国際政治論、国際関係論、安全保障論、国際機構論など。
主要業績："Star Wars"Debate: Strategic Defense Initiatives and Anti-satellite Weapons,（Ph. D. Dissertation, the University of Miami, 1987）
『戦略防衛構想』（慶應義塾大学出版会、1992）
『戦略兵器削減交渉』（慶應義塾大学出版会、1994）
『国際機構論』（北樹出版、1998）
『（新版）国際機構論』（北樹出版、2001）
『現代国際政治史（上・下）』（北樹出版、2002）
『紛争予防論』（芦書房、2002）
『イラク戦争と世界』（現代図書、2004）
『検証：イラク戦争』（三一書房、2005）
『北朝鮮危機の歴史的構造 1945-2000』（論創社、2013）
『北朝鮮「終りの始まり」2001-2015』（論創社、2016）他多数。

米朝開戦——金正恩・破局への道

2018年1月20日　初版第1刷印刷
2018年1月25日　初版第1刷発行

著　者　斎藤直樹
発行者　森下紀夫
発行所　論 創 社
東京都千代田区神田神保町 2-23　北井ビル
tel. 03（3264）5254　fax. 03（3264）5232　web. http://www.ronso.co.jp/
振替口座　00160-1-155266
装丁　宗利淳一
印刷・製本／中央精版印刷　組版／フレックスアート
ISBN978-4-8460-1678-4